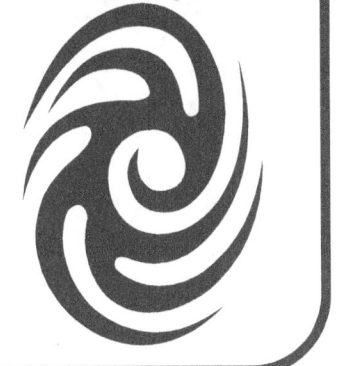

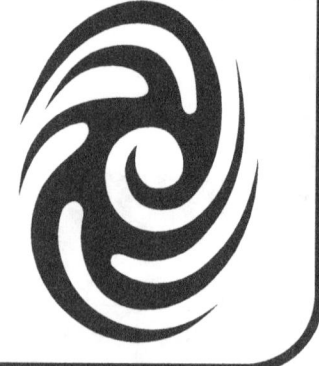

TRY ONE MORE TIME

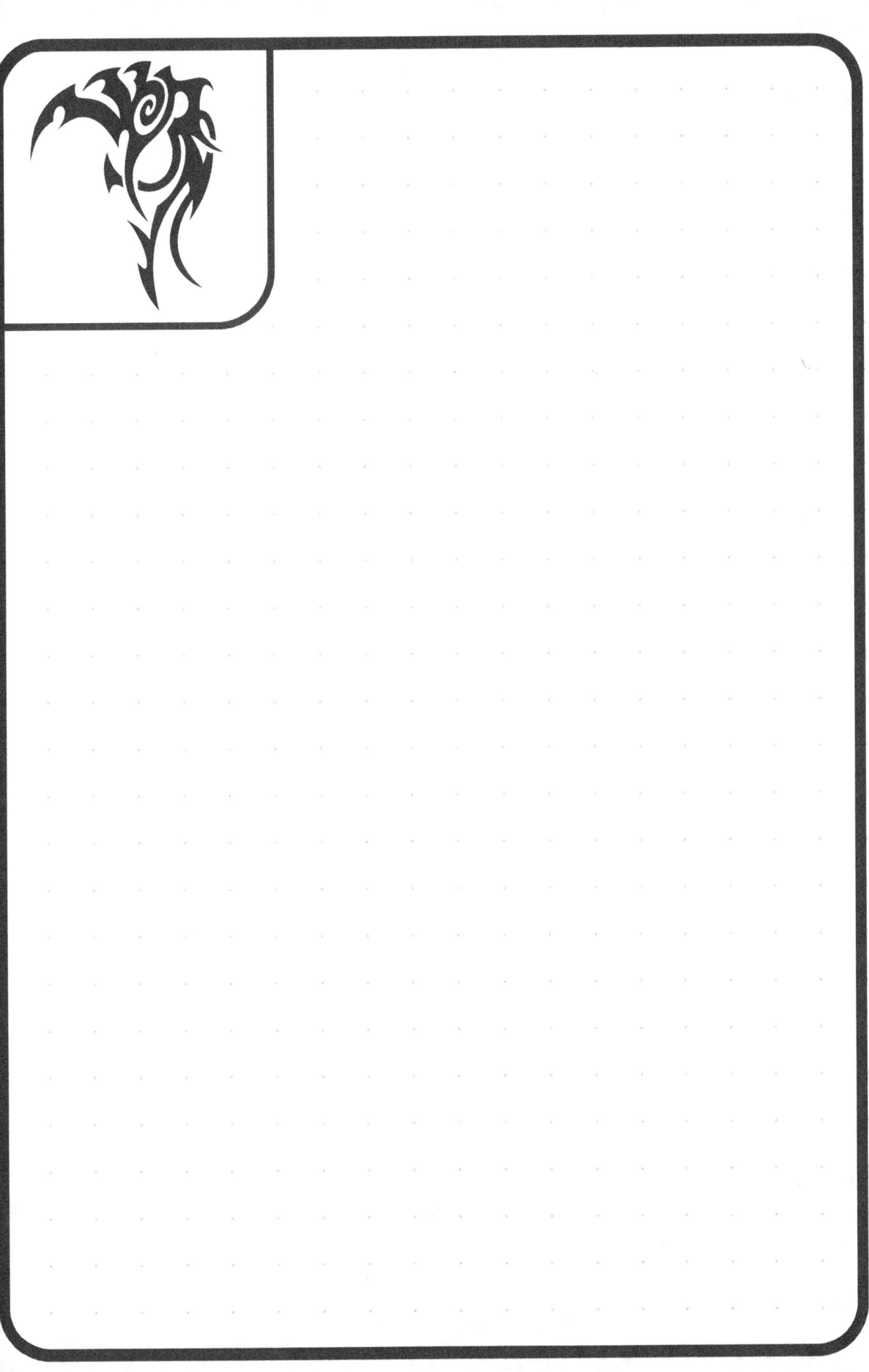

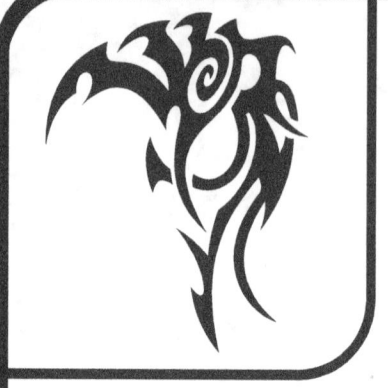

TRY ONE MORE TIME

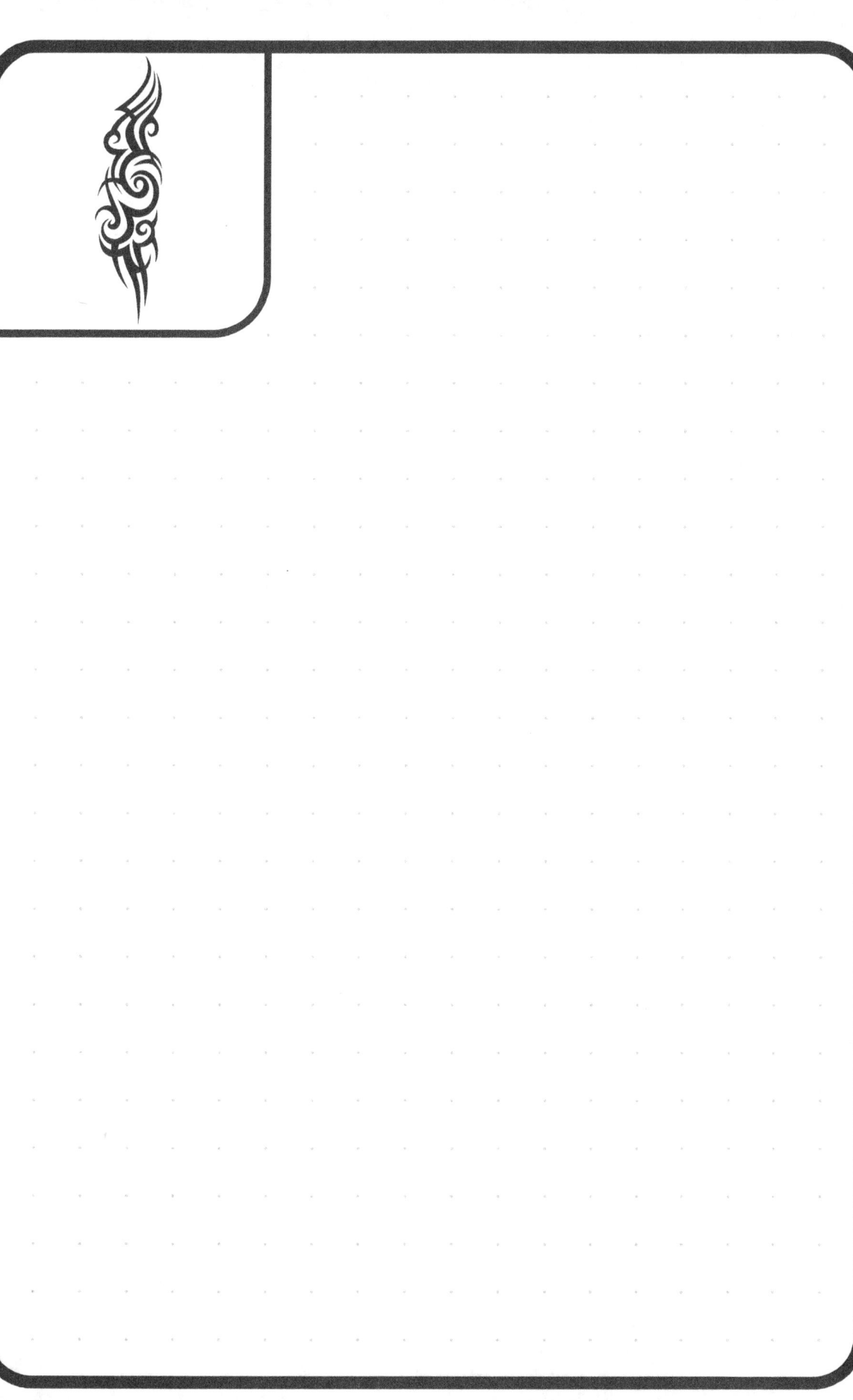

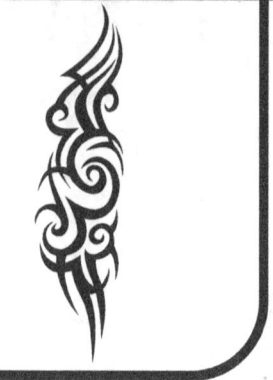

TRY ONE MORE TIME

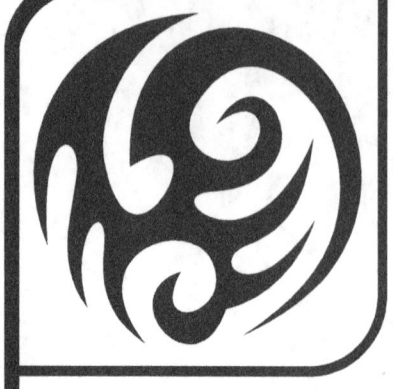

TRY ONE MORE TIME

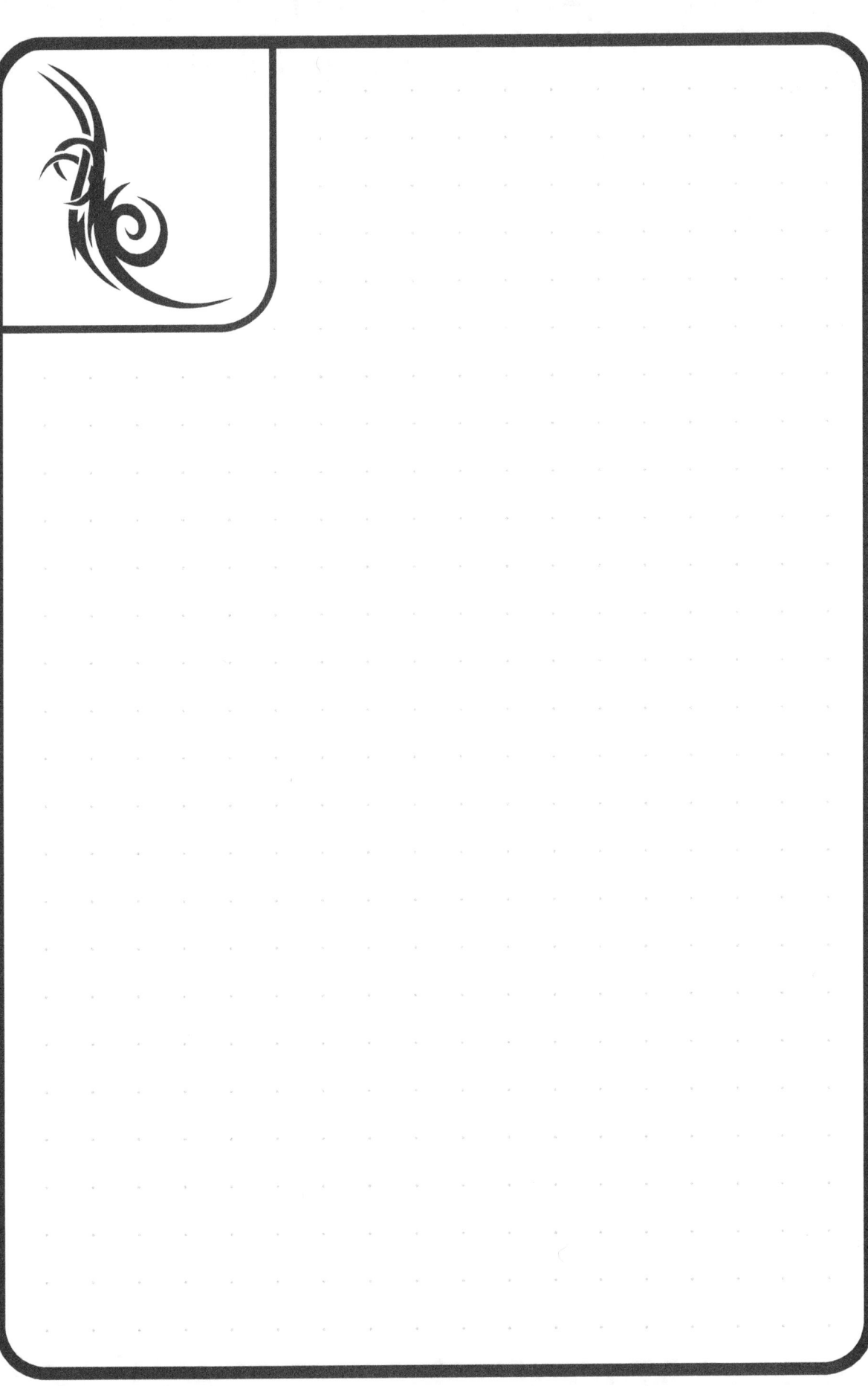

TRY ONE MORE TIME

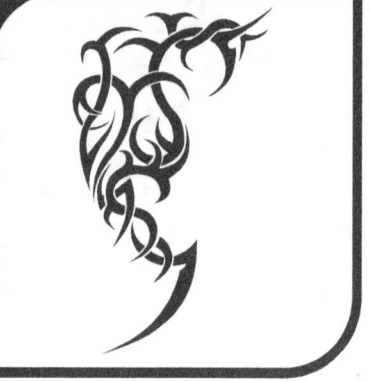

TRY ONE MORE TIME

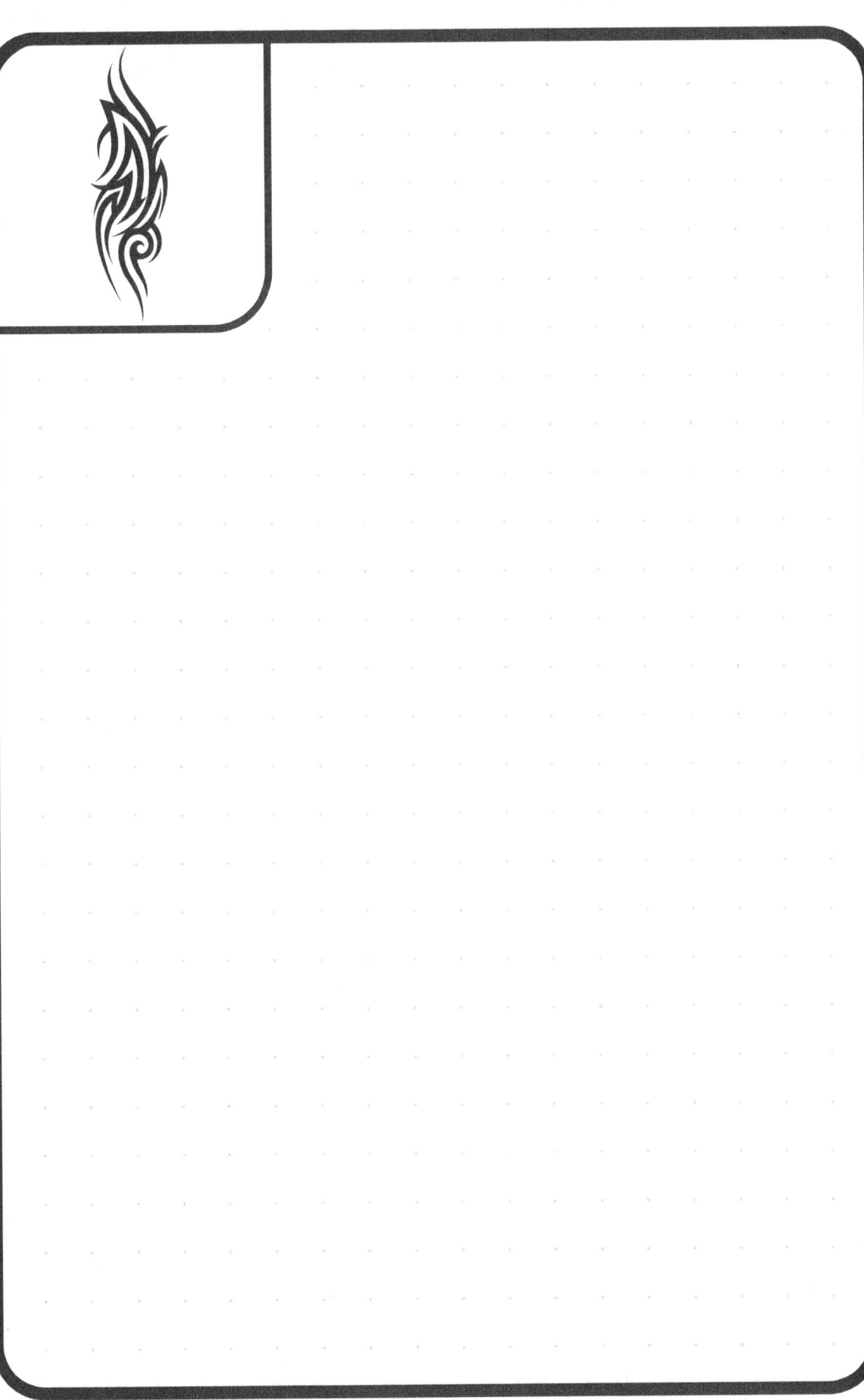

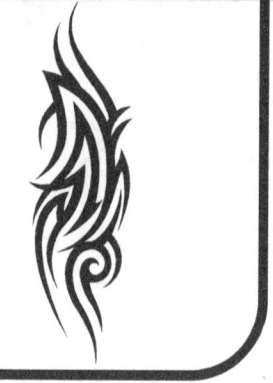

TRY ONE MORE TIME

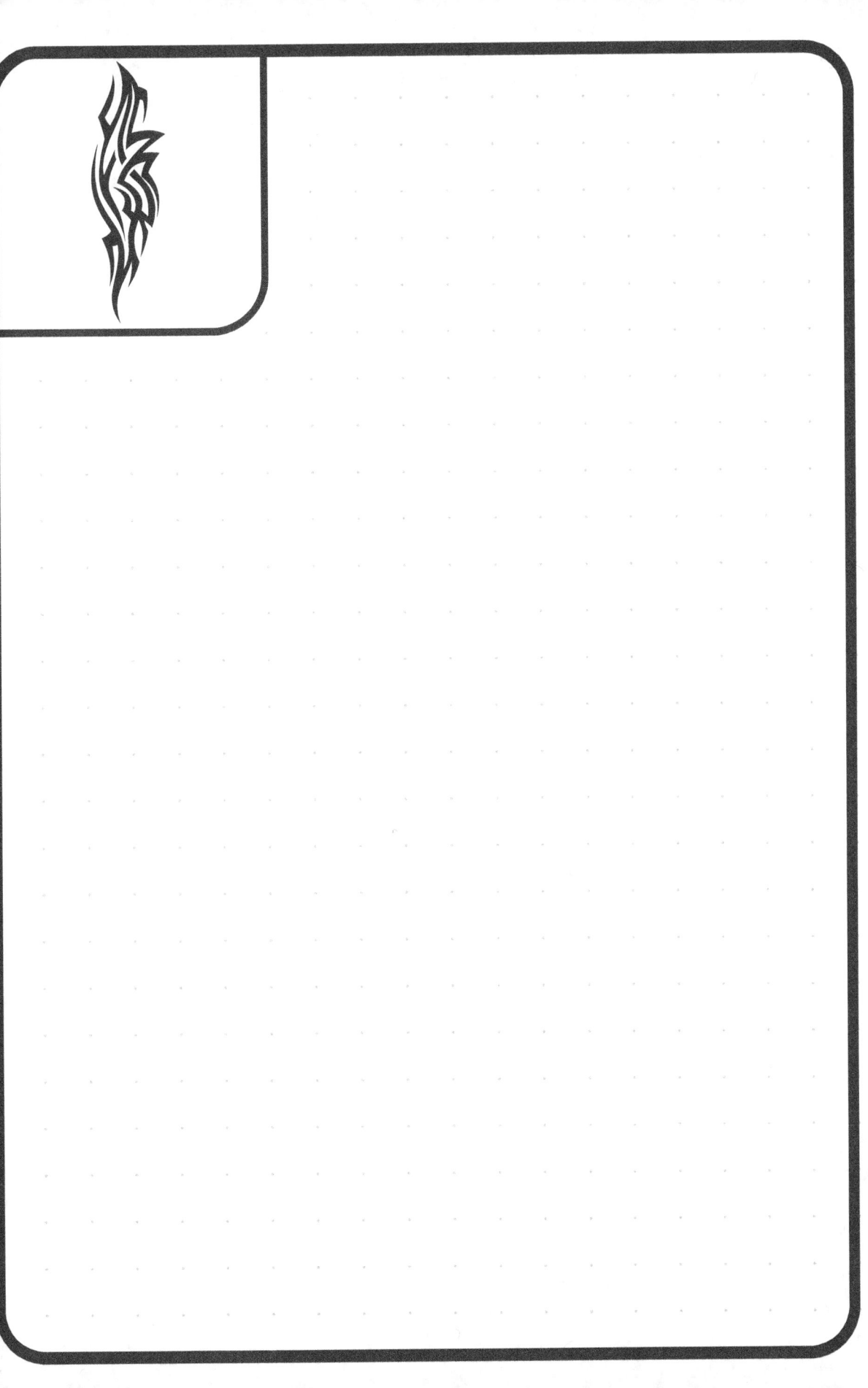

TRY ONE MORE TIME

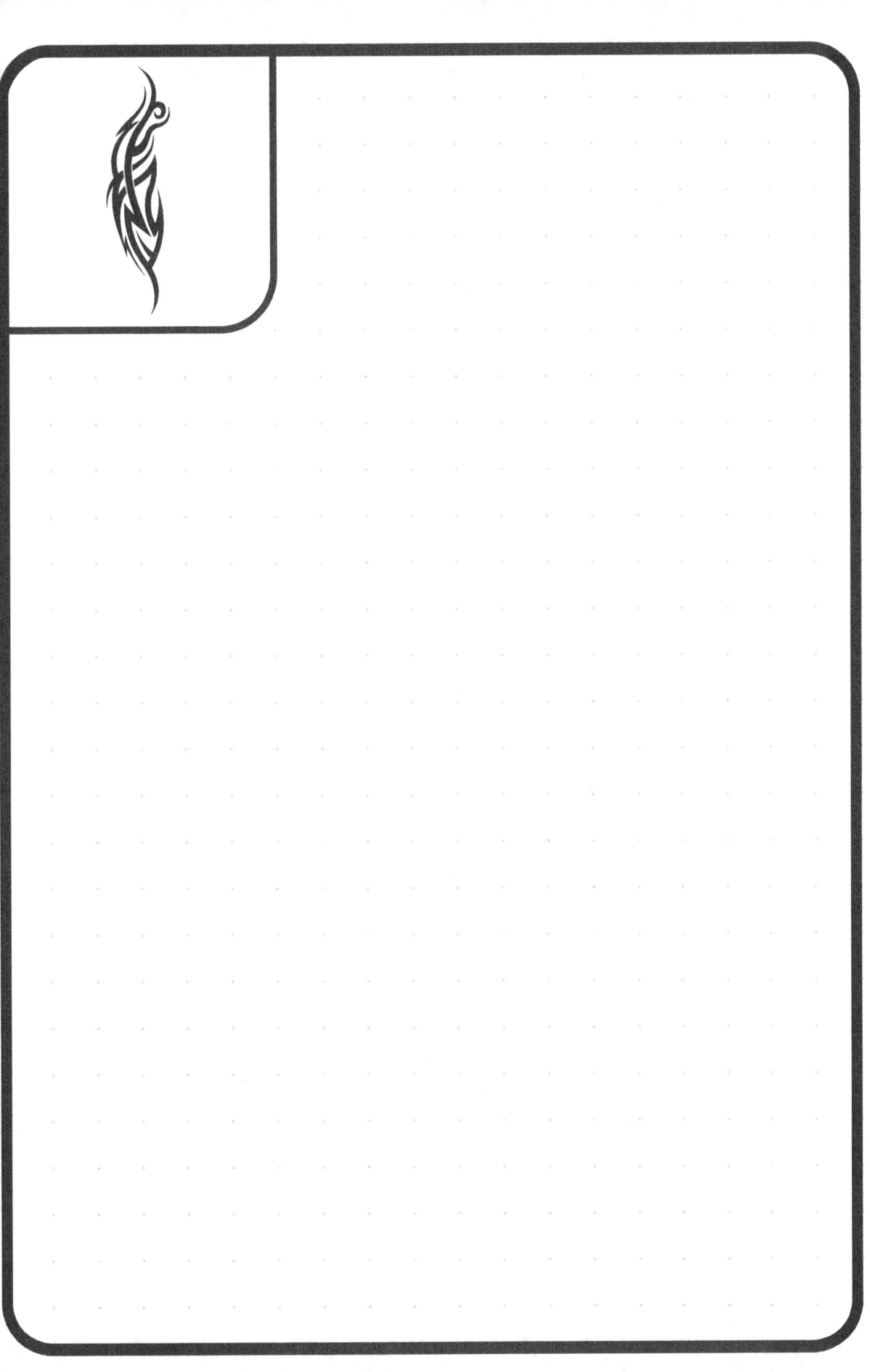

TRY ONE MORE TIME

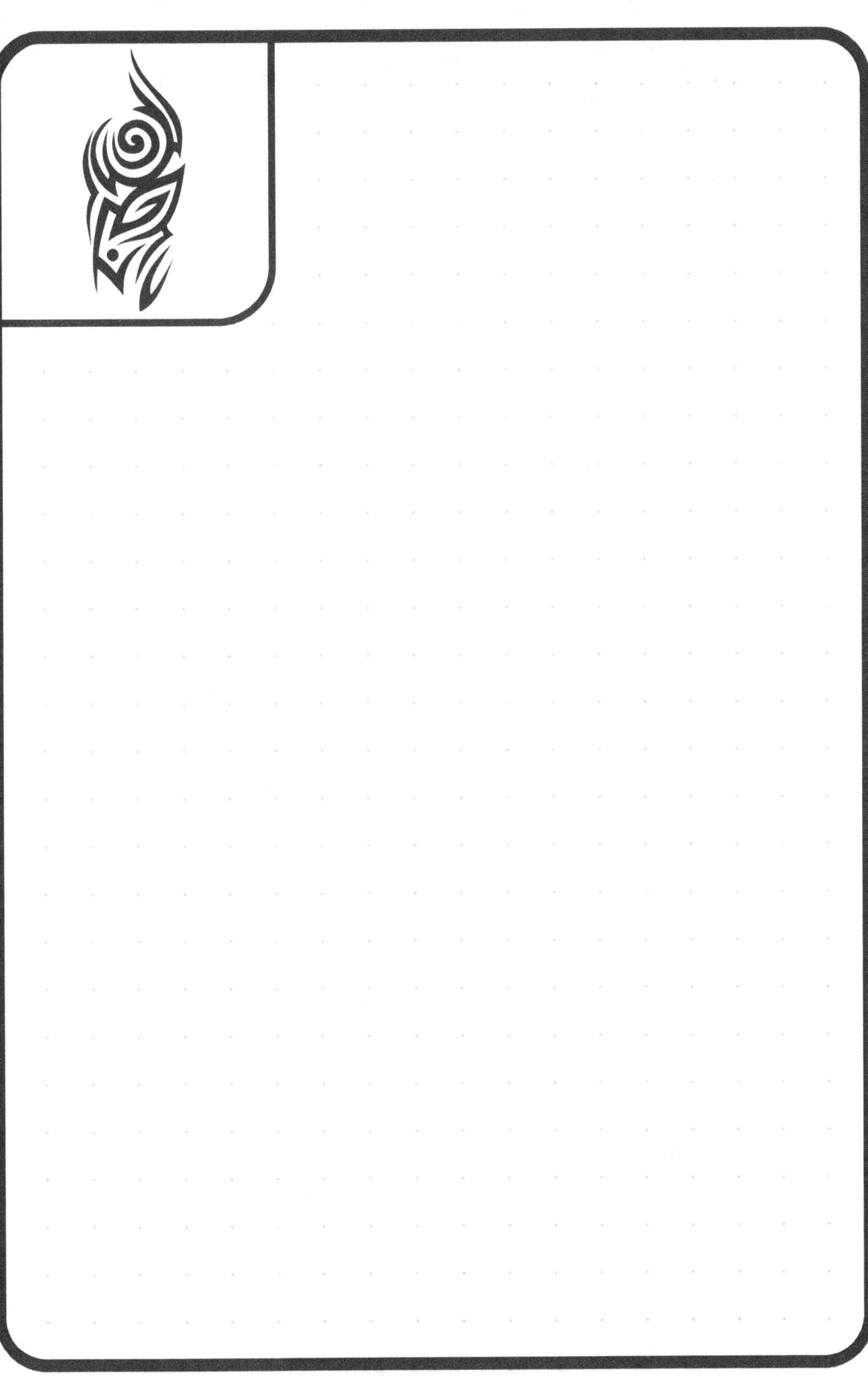

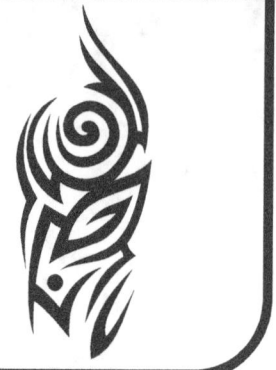

TRY ONE MORE TIME

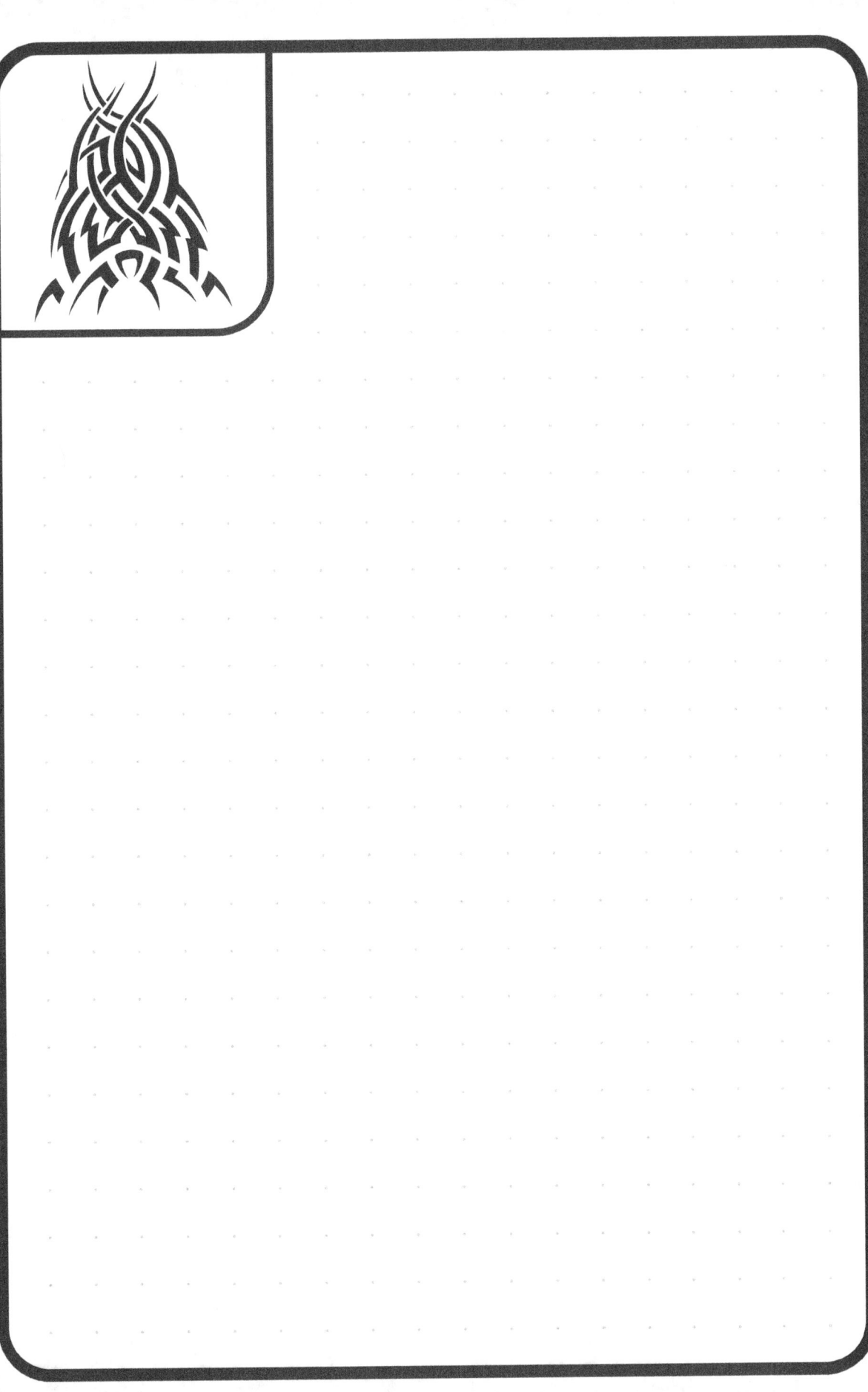

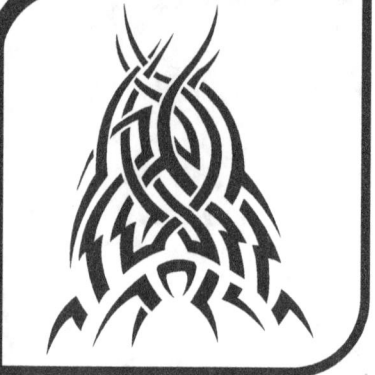

TRY ONE MORE TIME

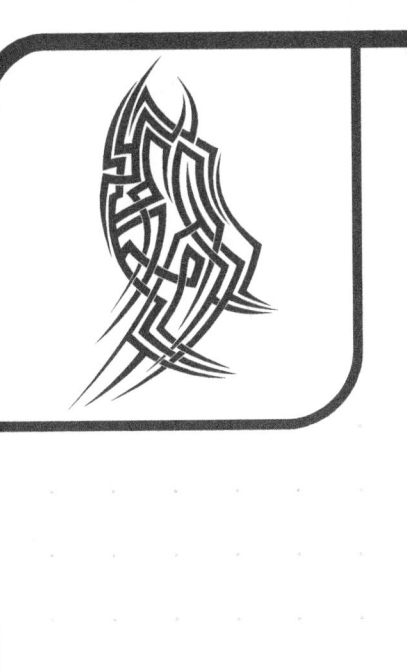

TRY ONE MORE TIME

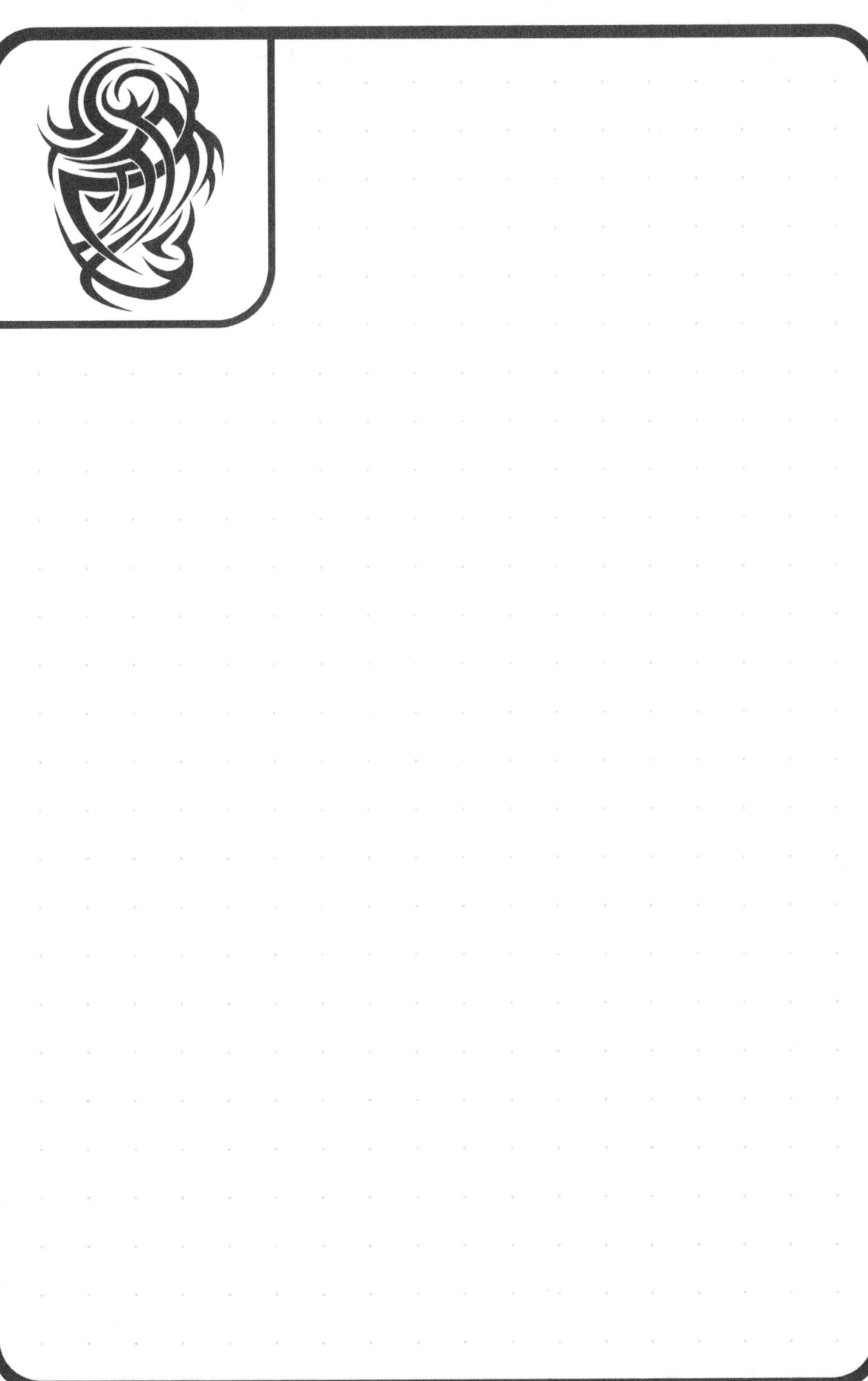

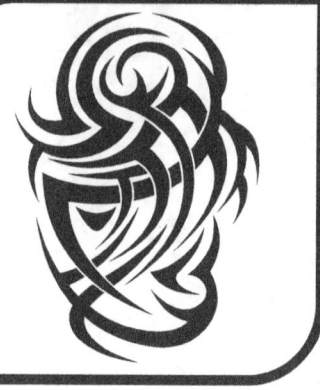

TRY ONE MORE TIME

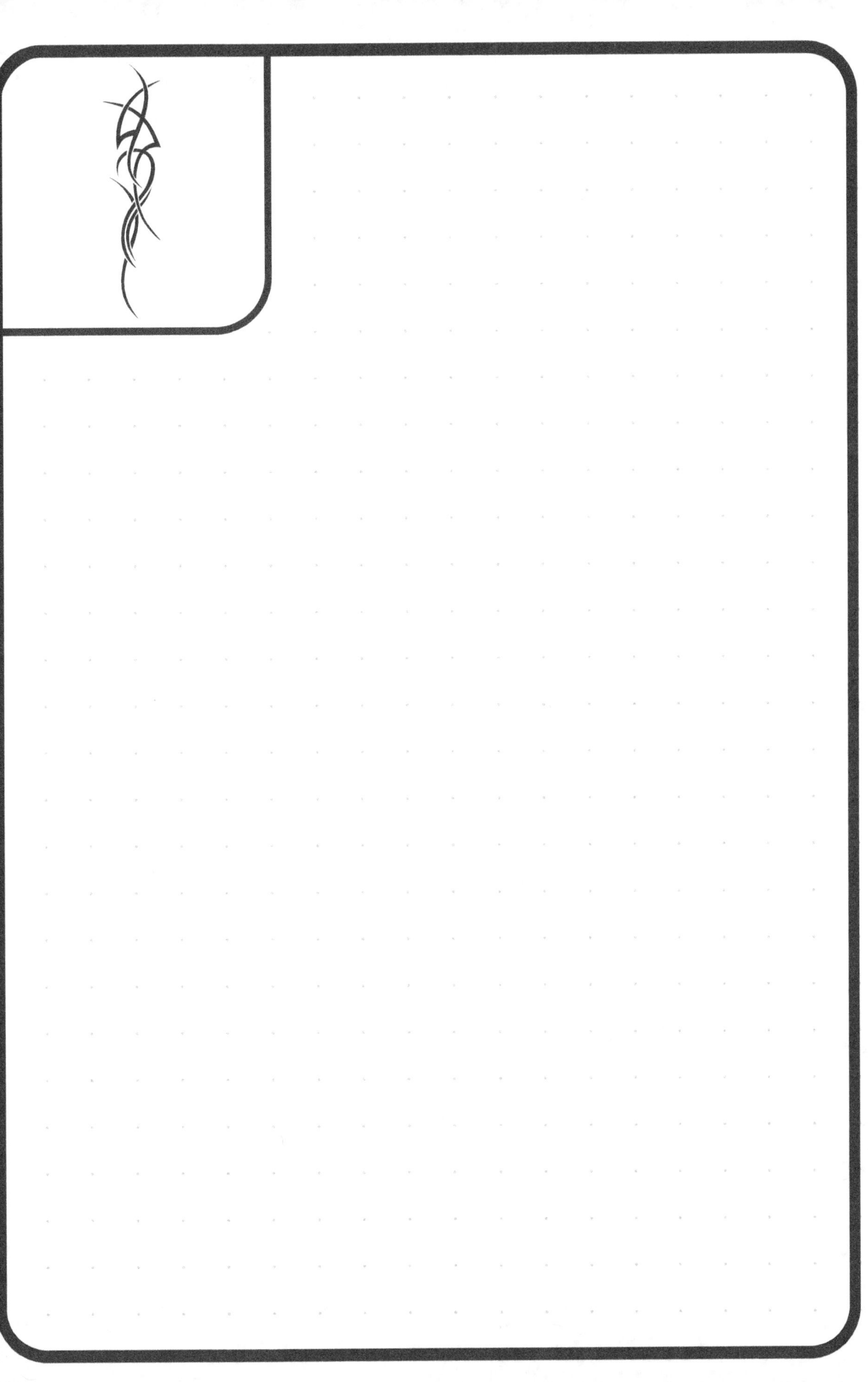

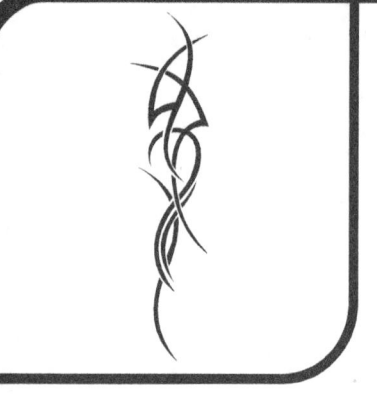

TRY ONE MORE TIME

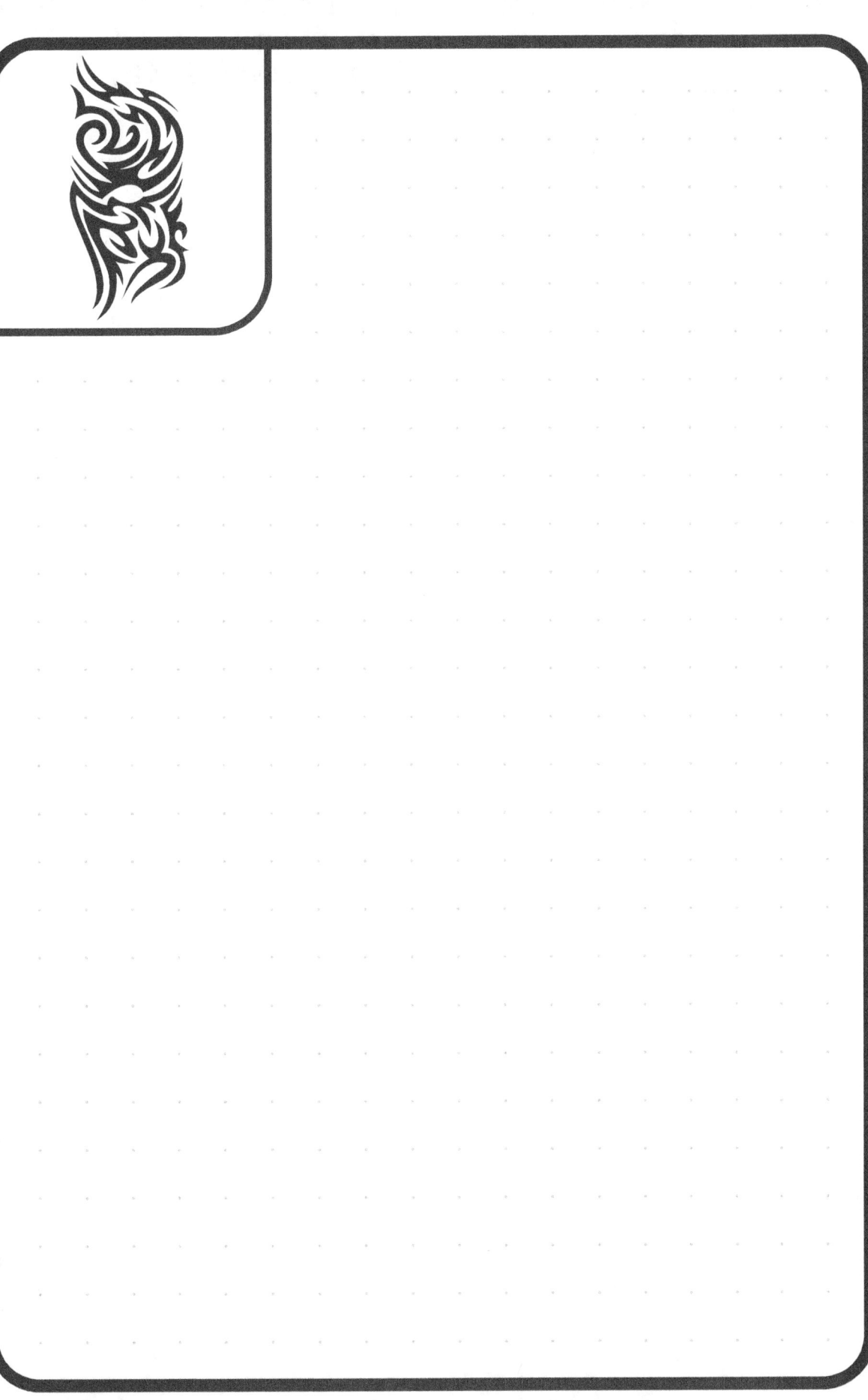

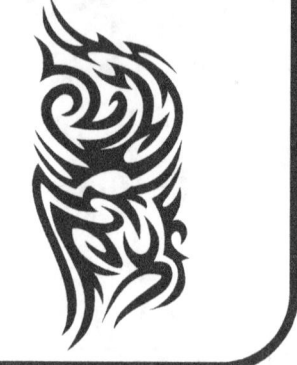

TRY ONE MORE TIME

TRY ONE MORE TIME

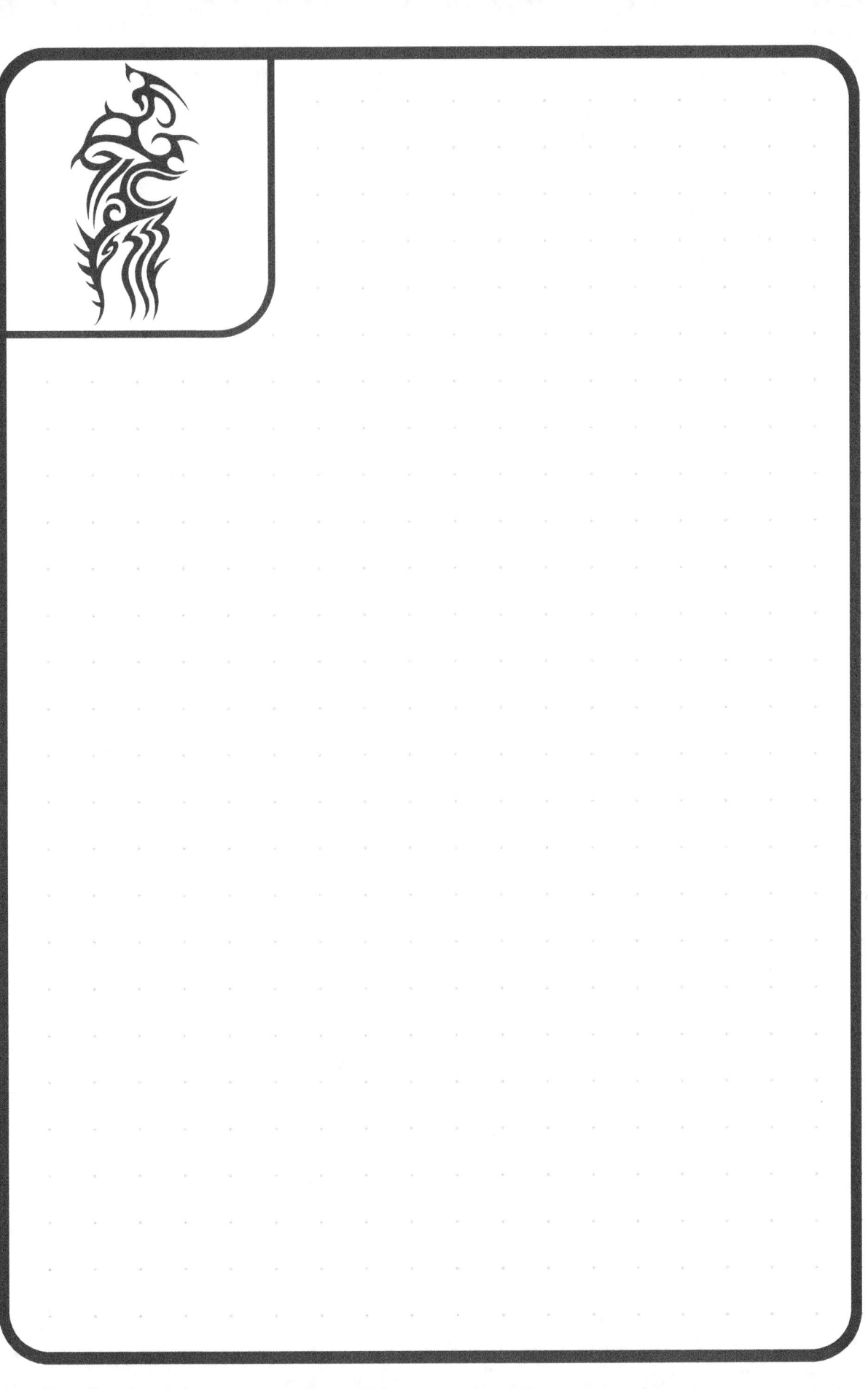

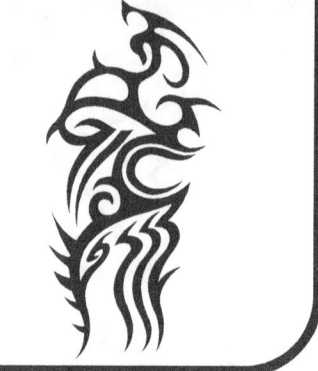

TRY ONE MORE TIME

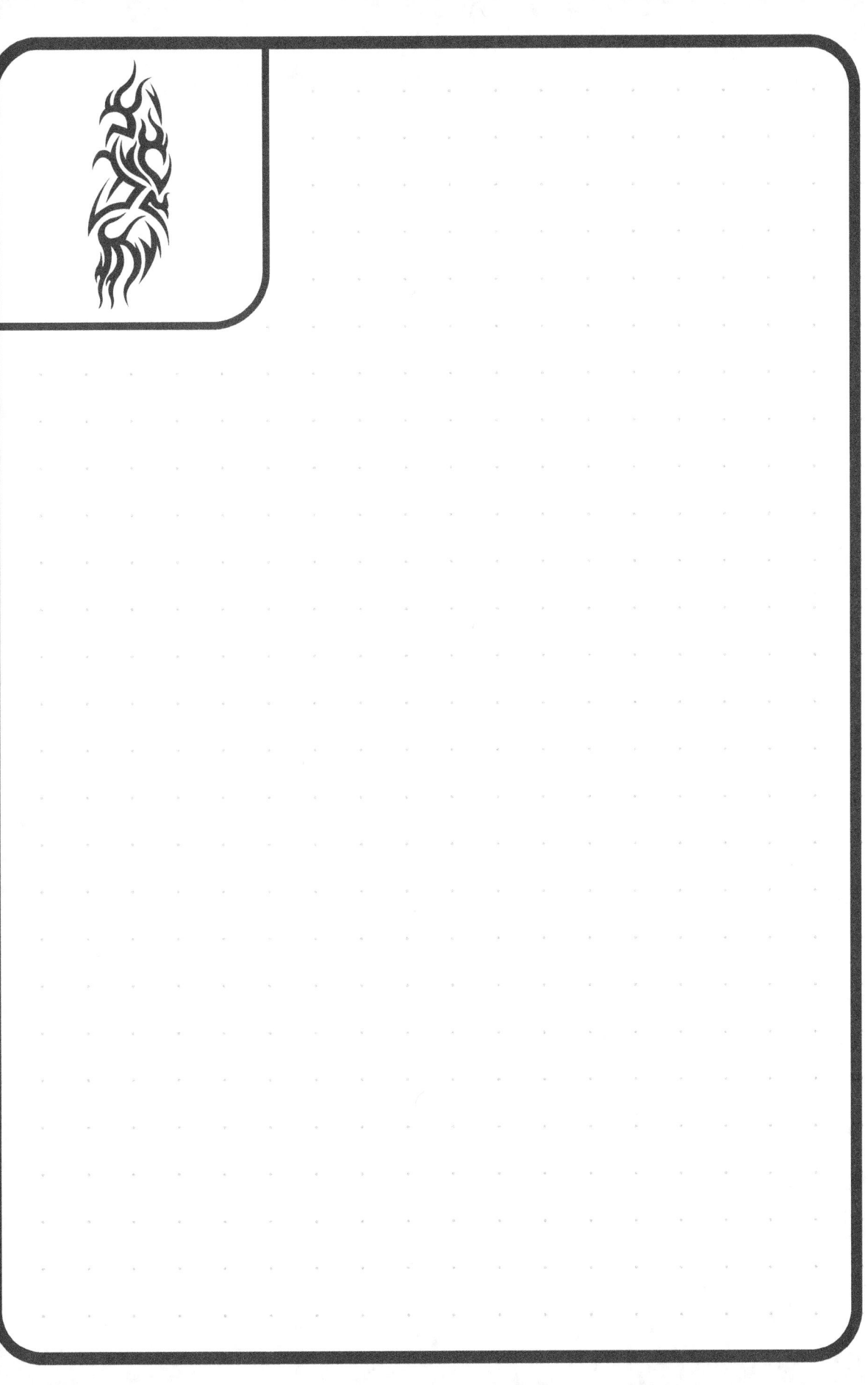

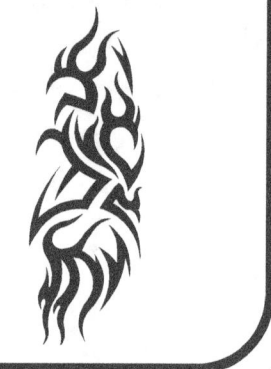

TRY ONE MORE TIME

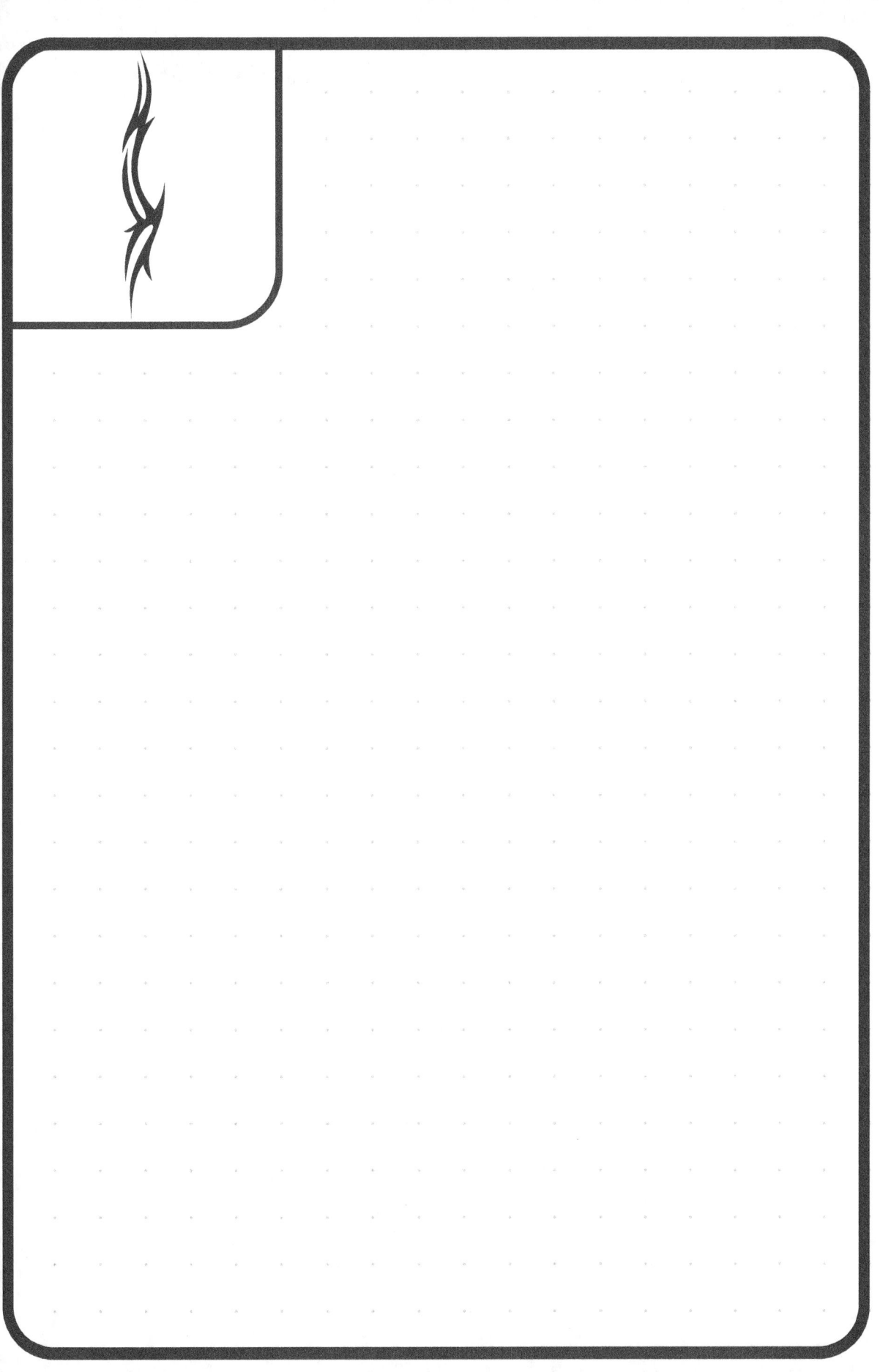

TRY ONE MORE TIME

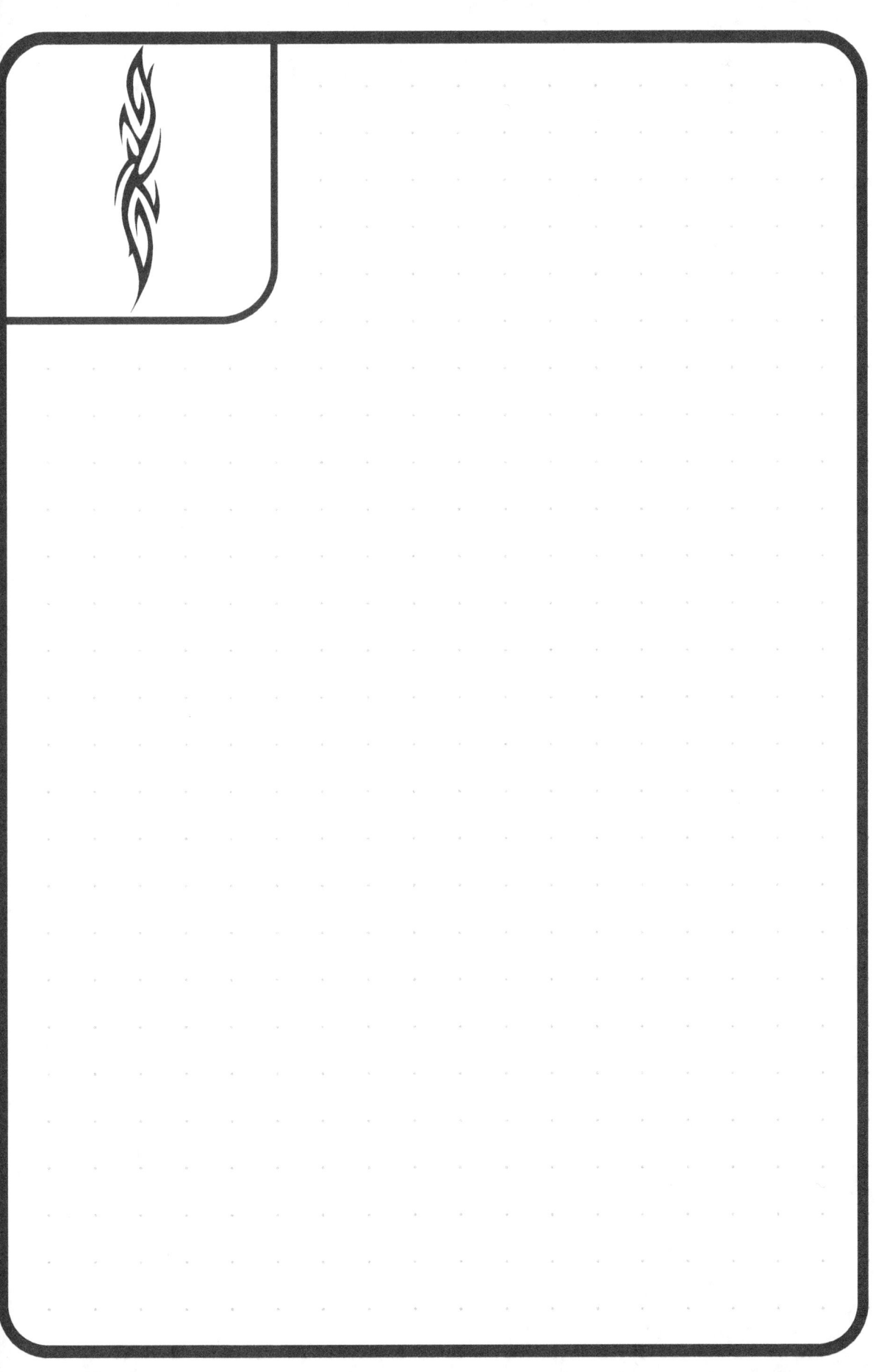

TRY ONE MORE TIME

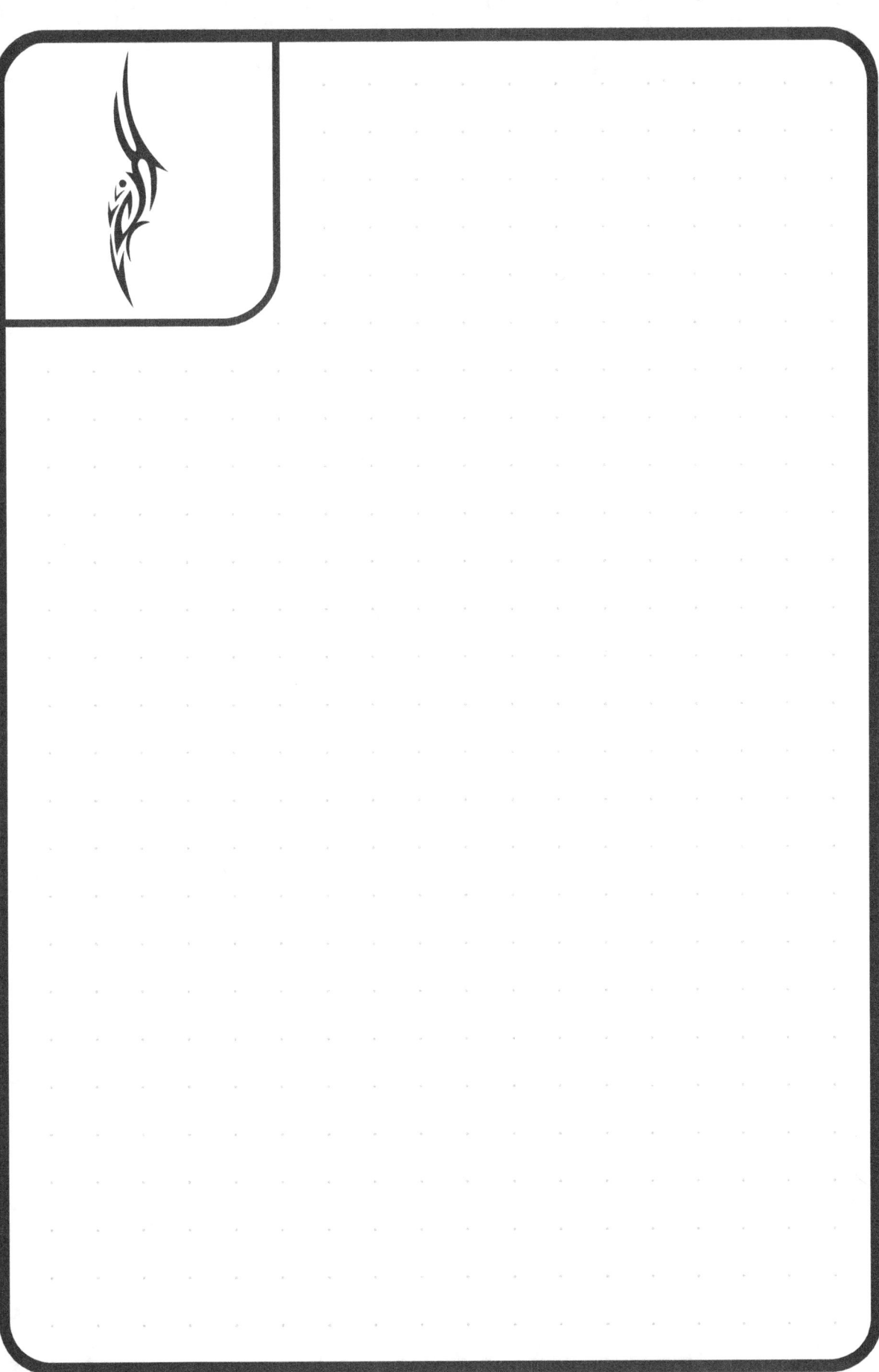

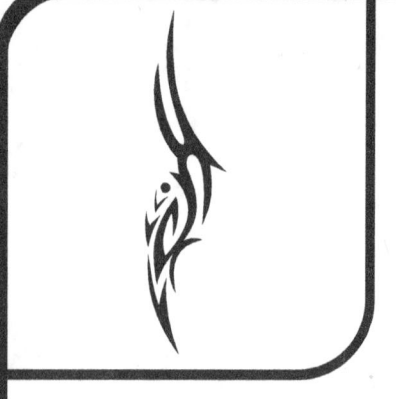

TRY ONE MORE TIME

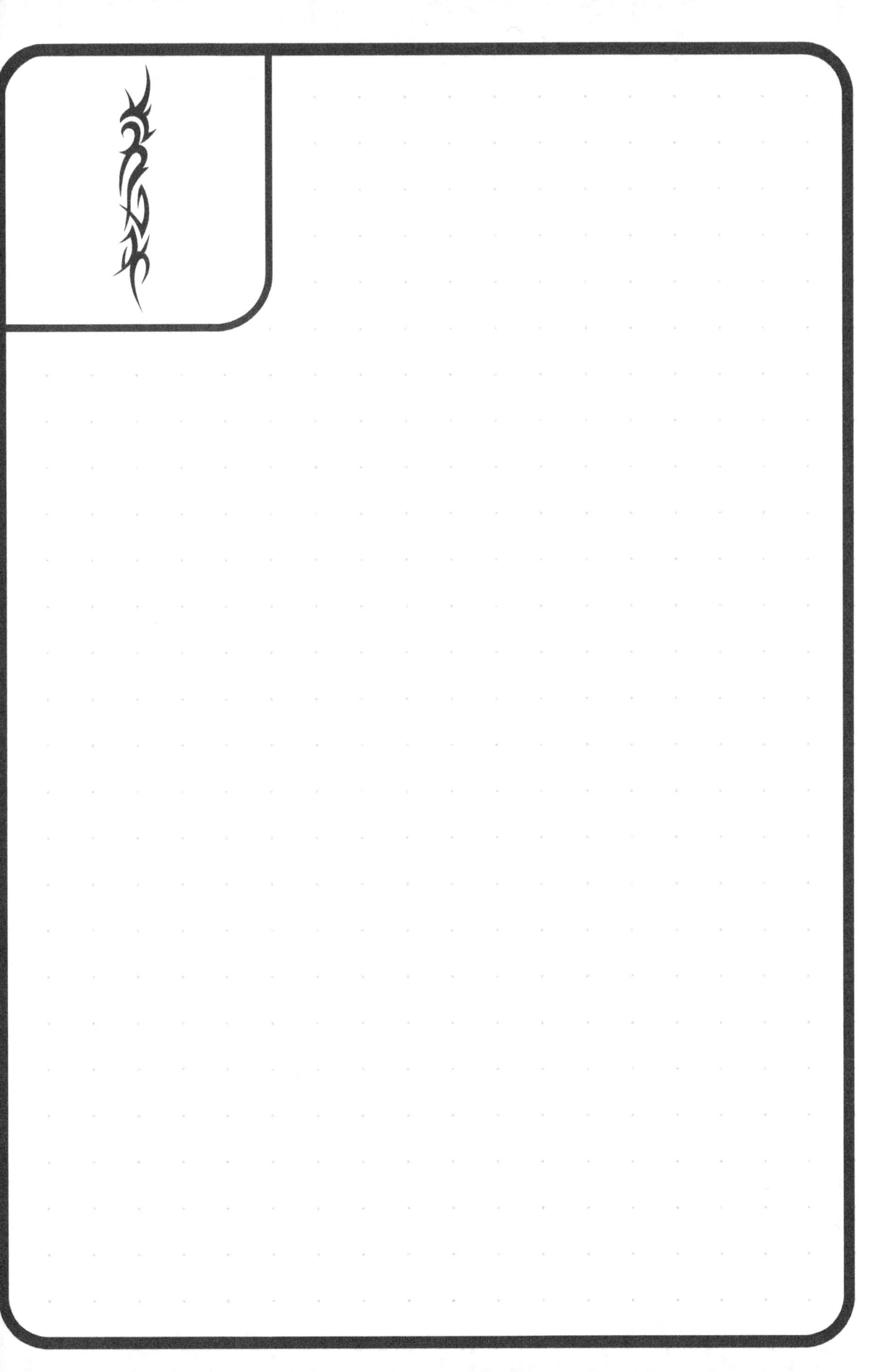

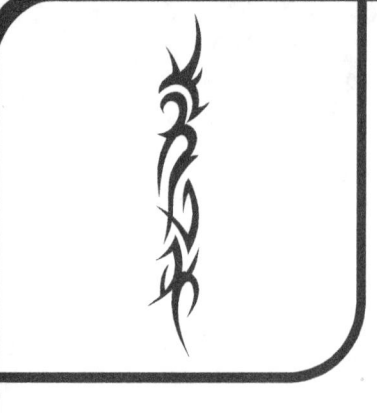

TRY ONE MORE TIME

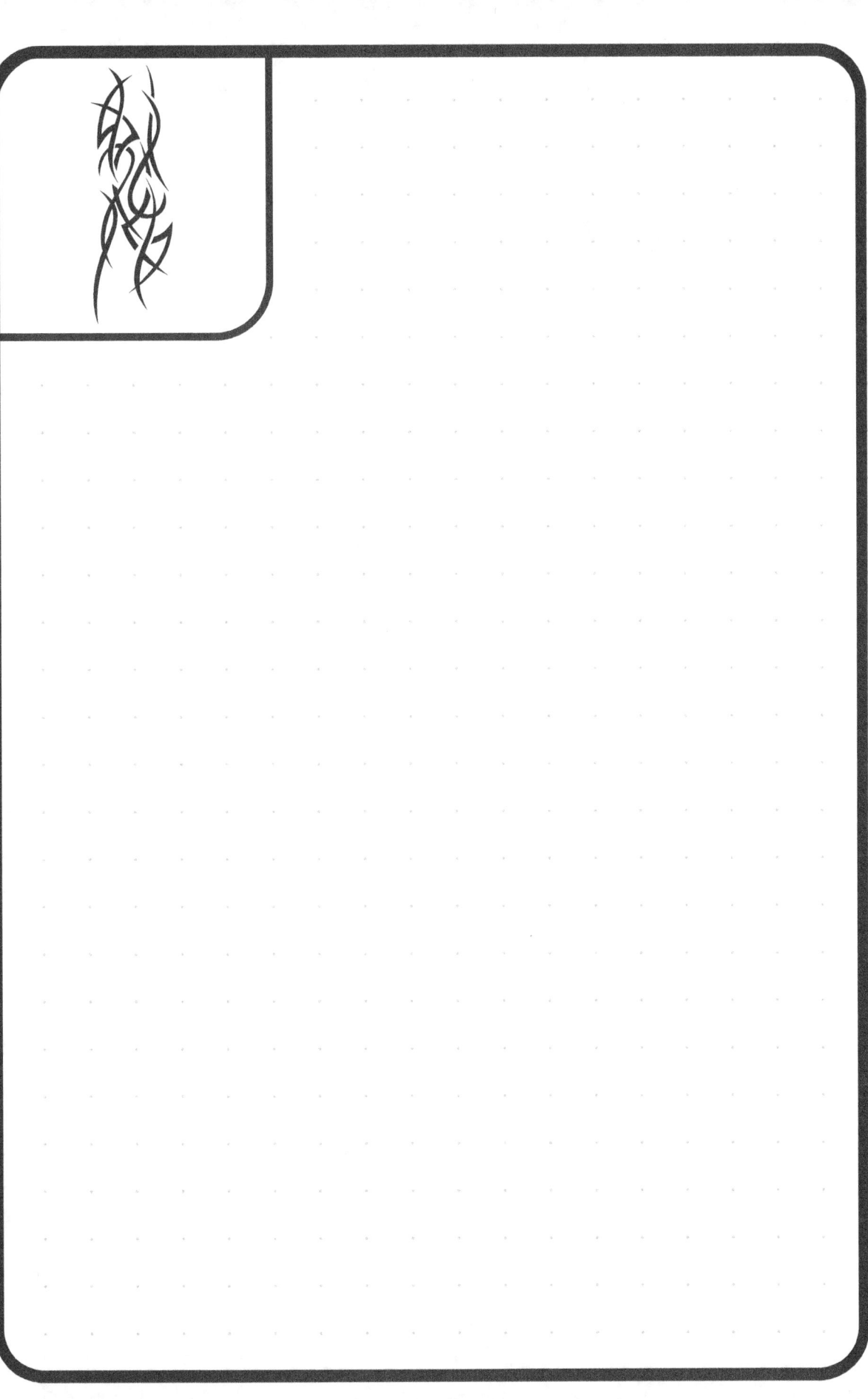

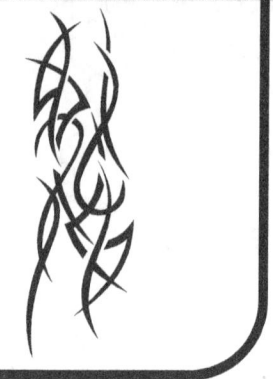

TRY ONE MORE TIME

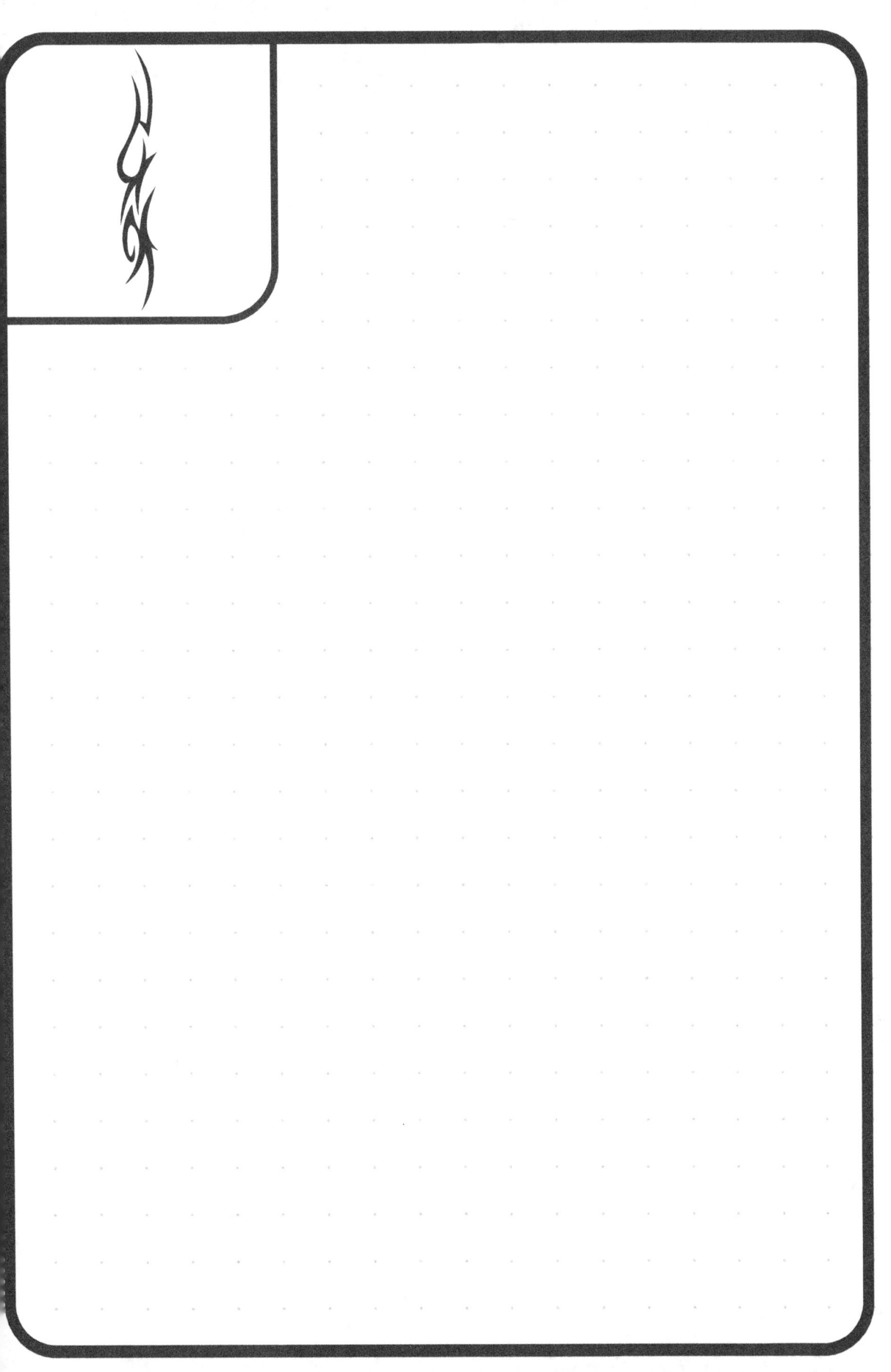

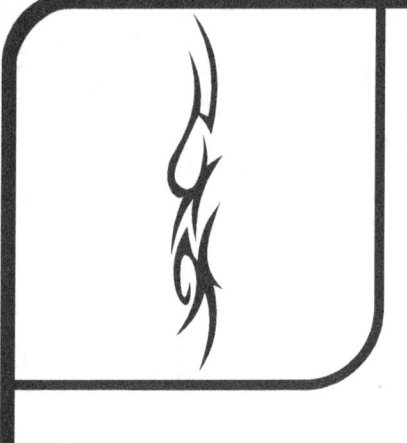

TRY ONE MORE TIME

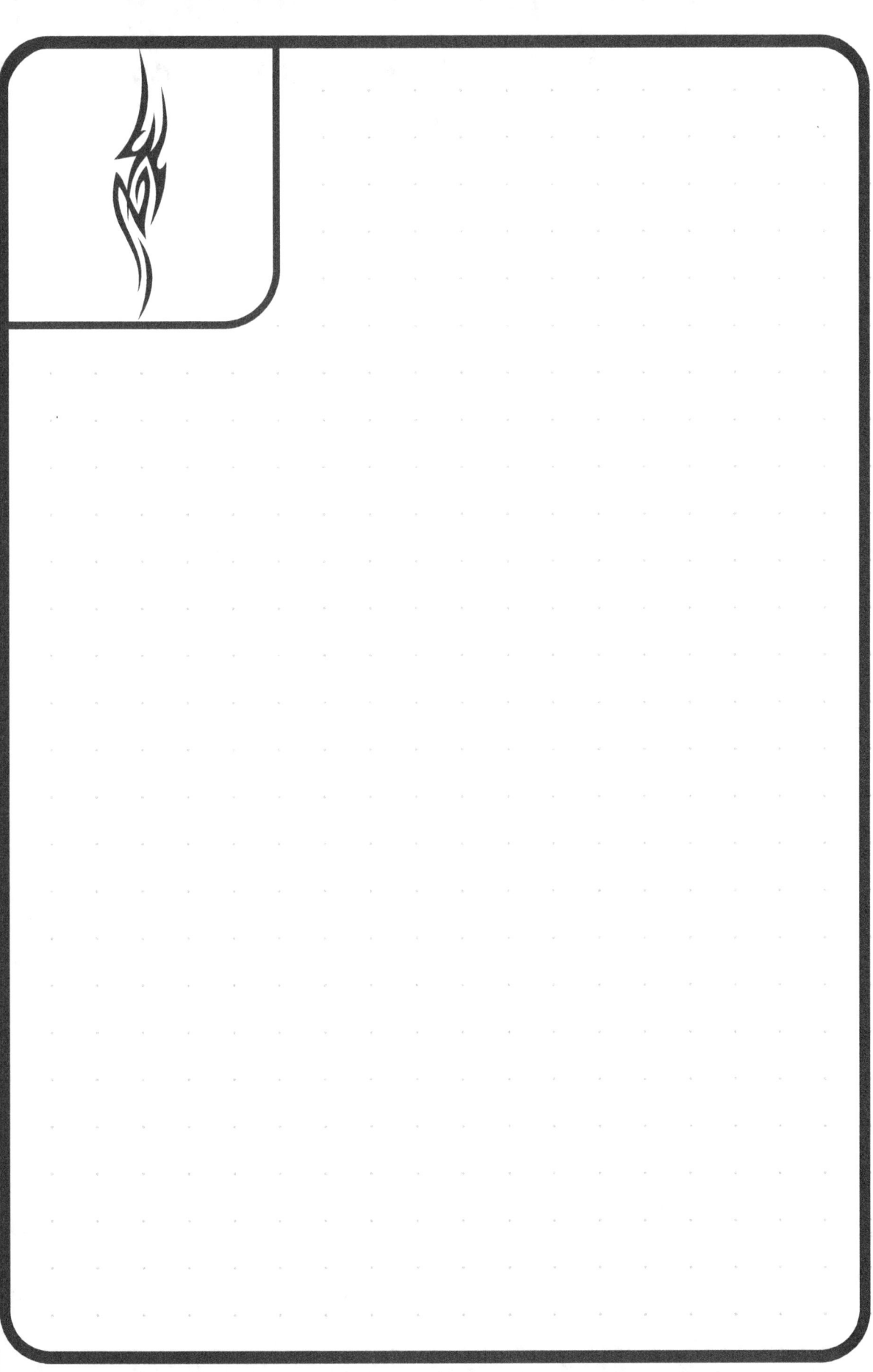

TRY ONE MORE TIME

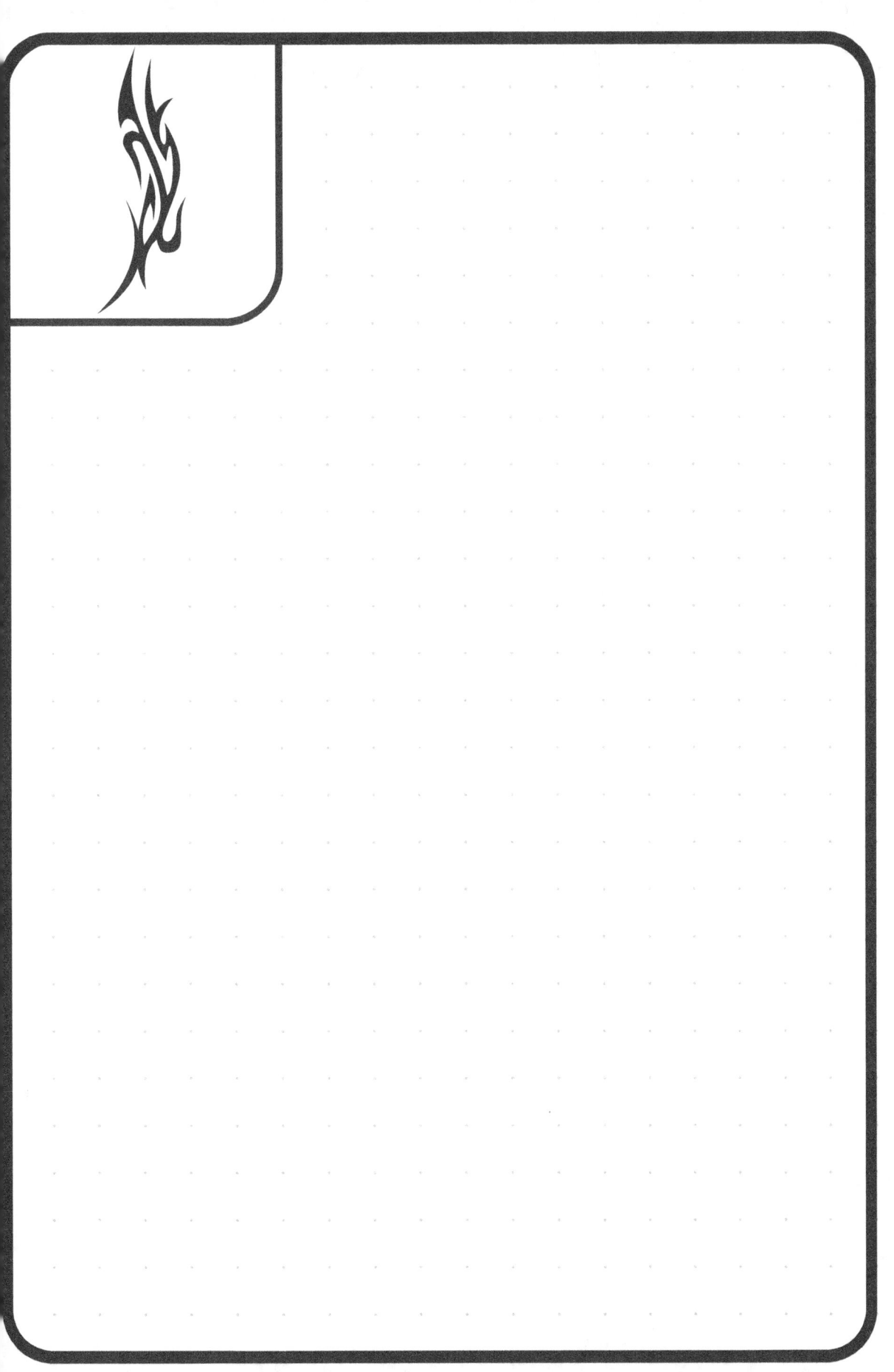

TRY ONE MORE TIME

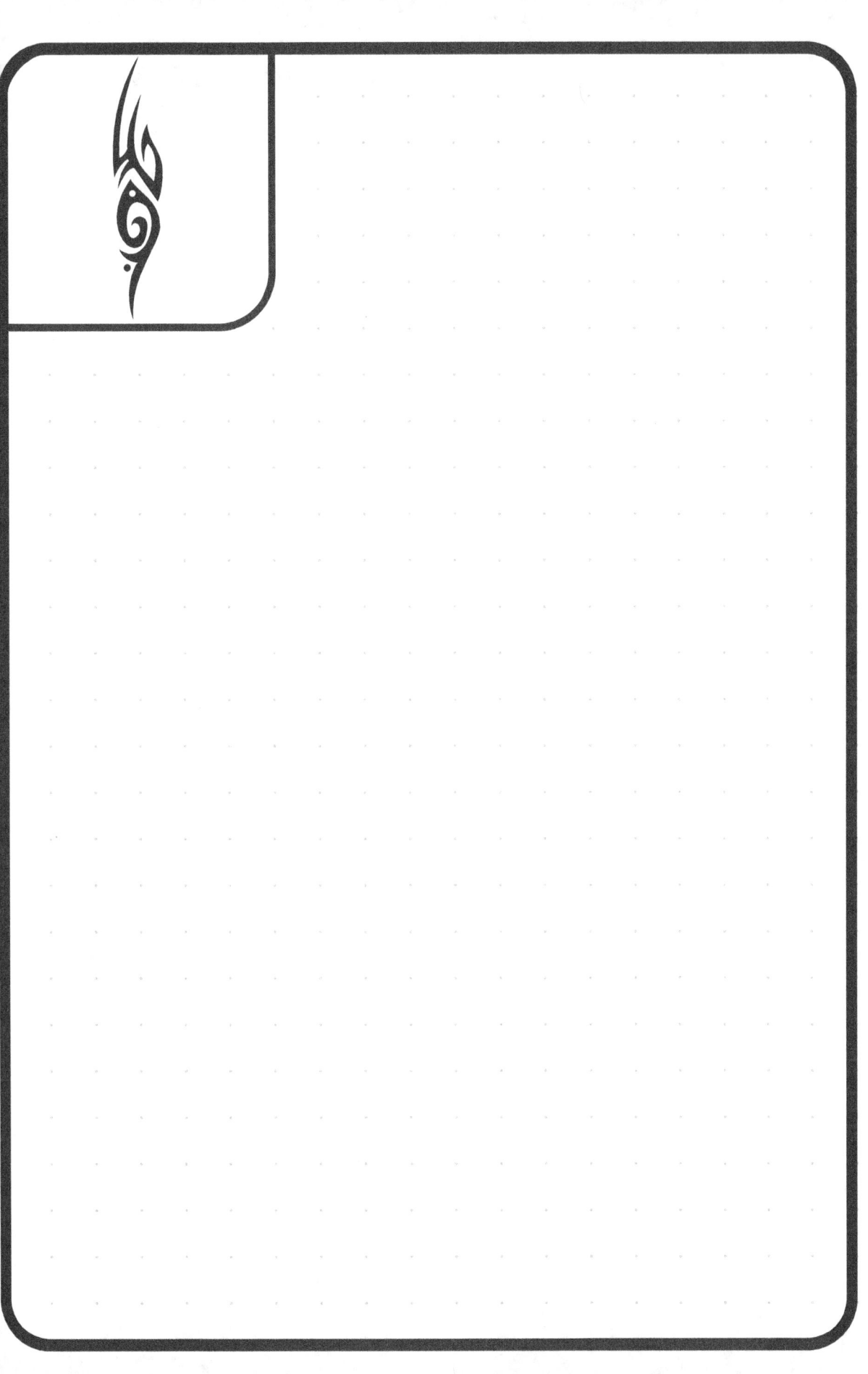

TRY ONE MORE TIME

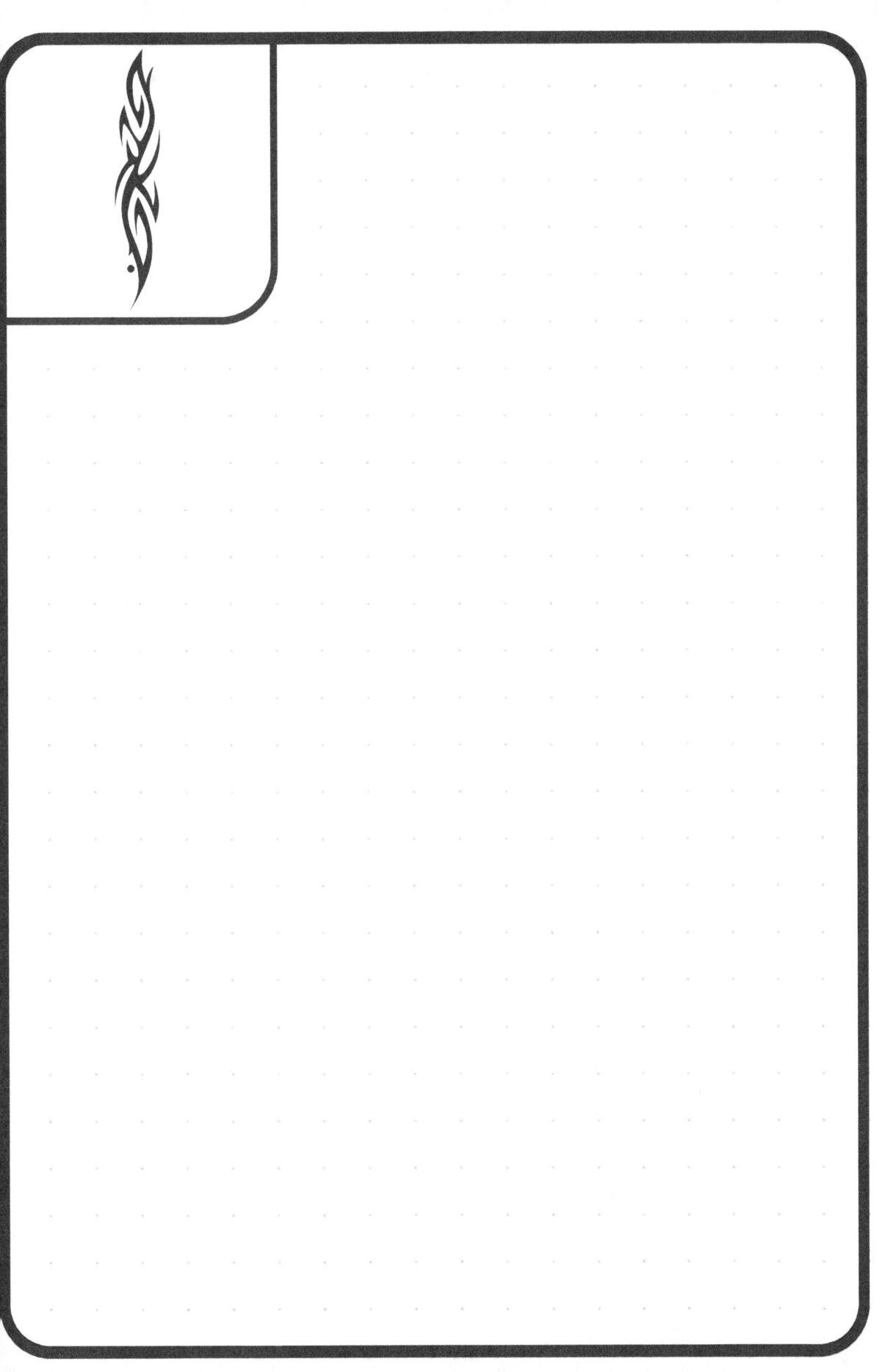

TRY ONE MORE TIME

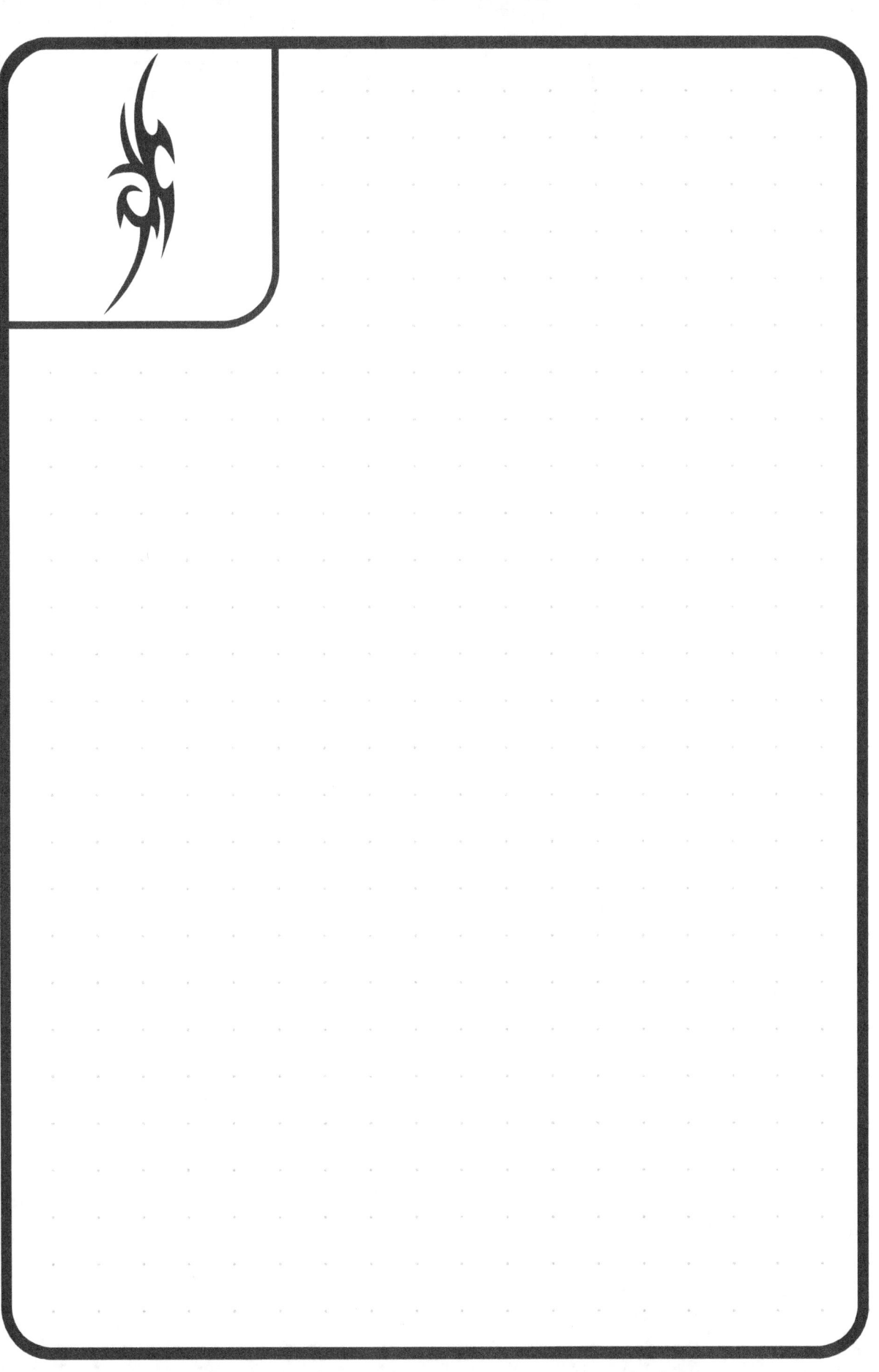

TRY ONE MORE TIME

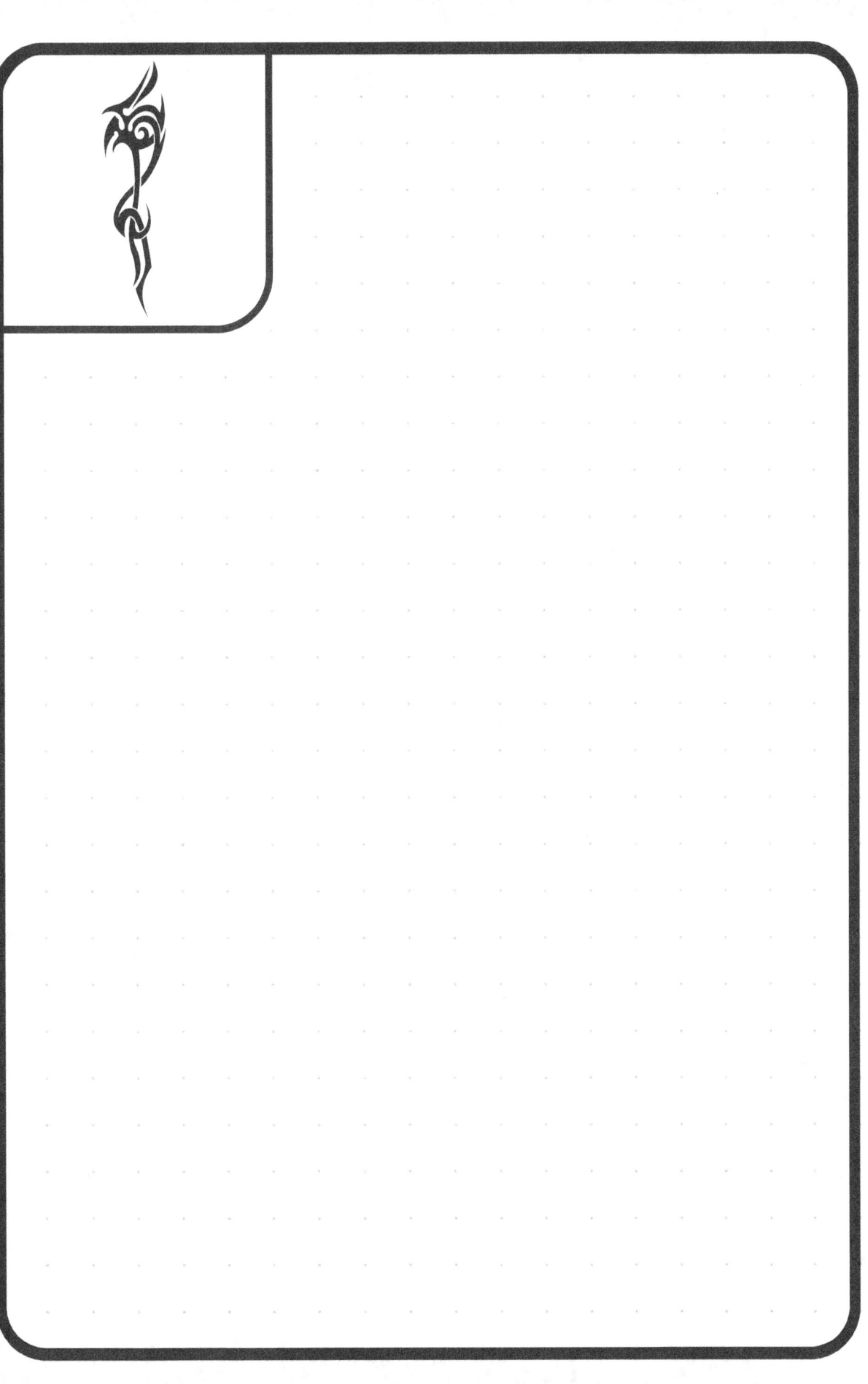

TRY ONE MORE TIME

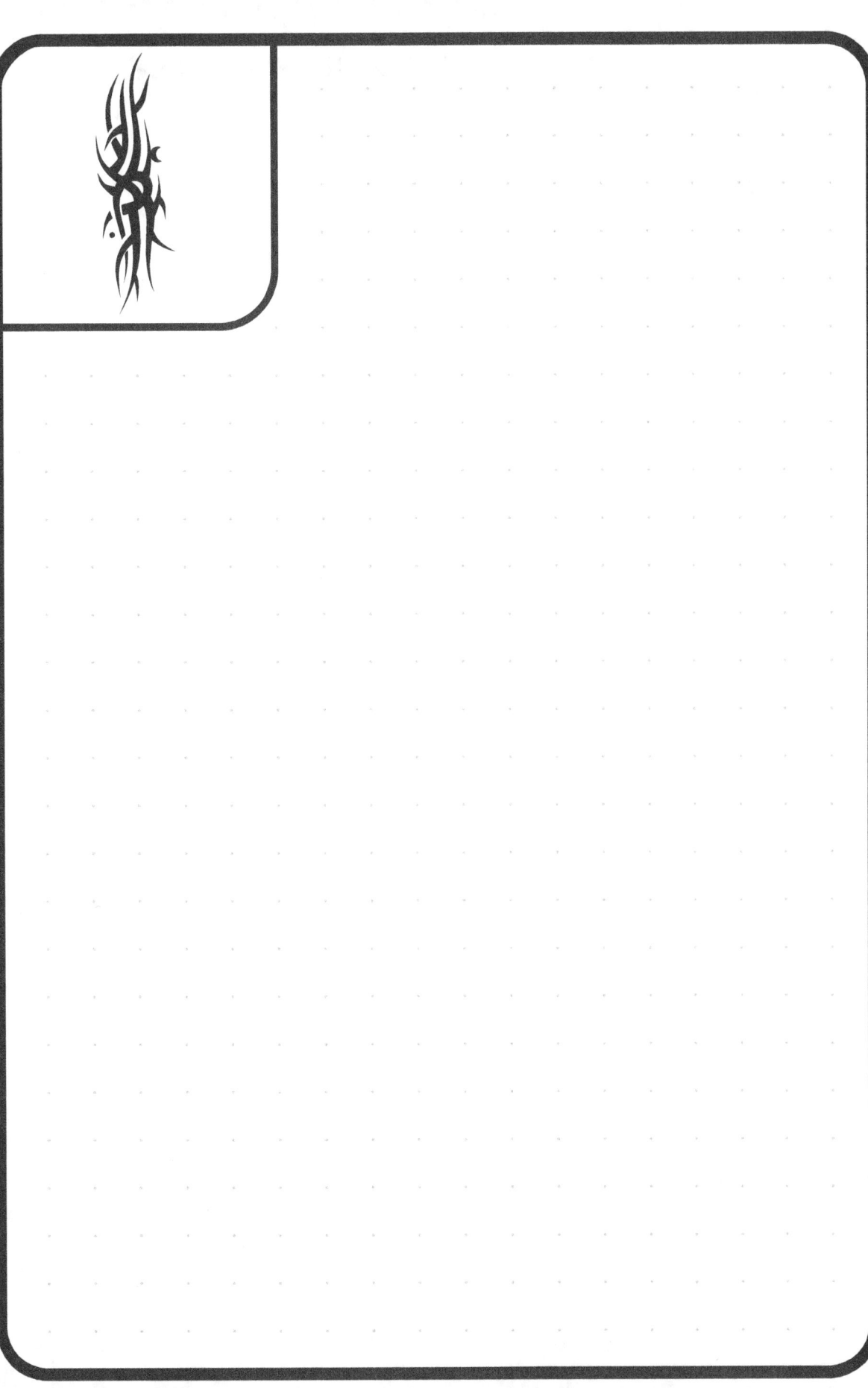

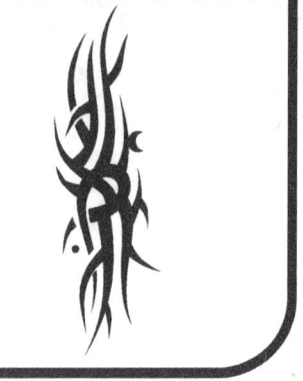

TRY ONE MORE TIME

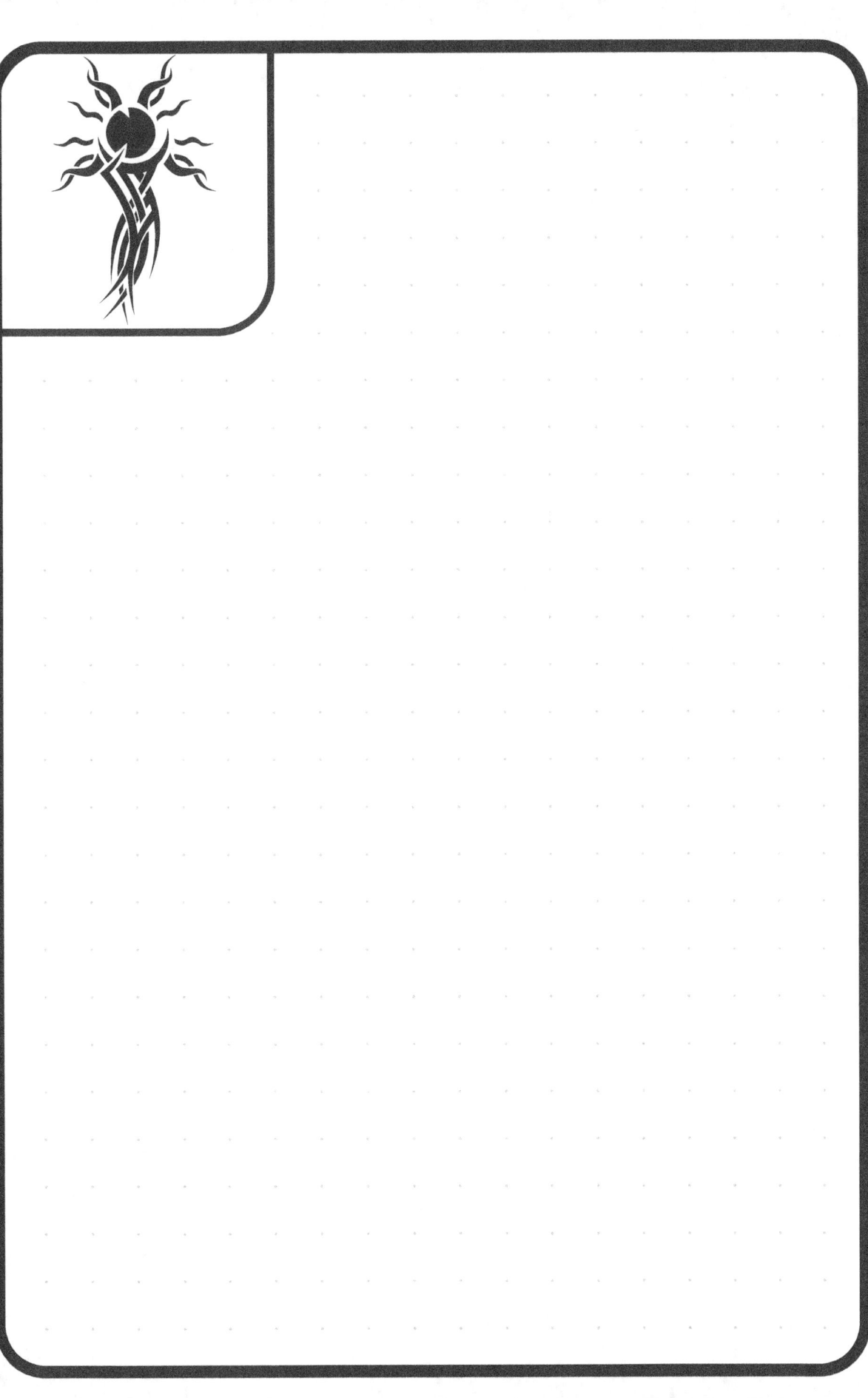

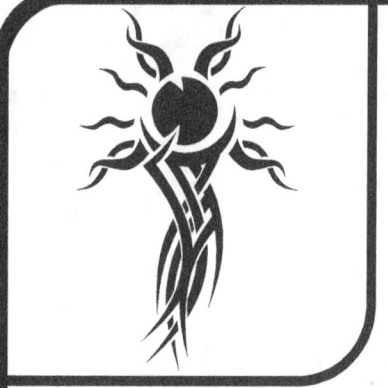

TRY ONE MORE TIME

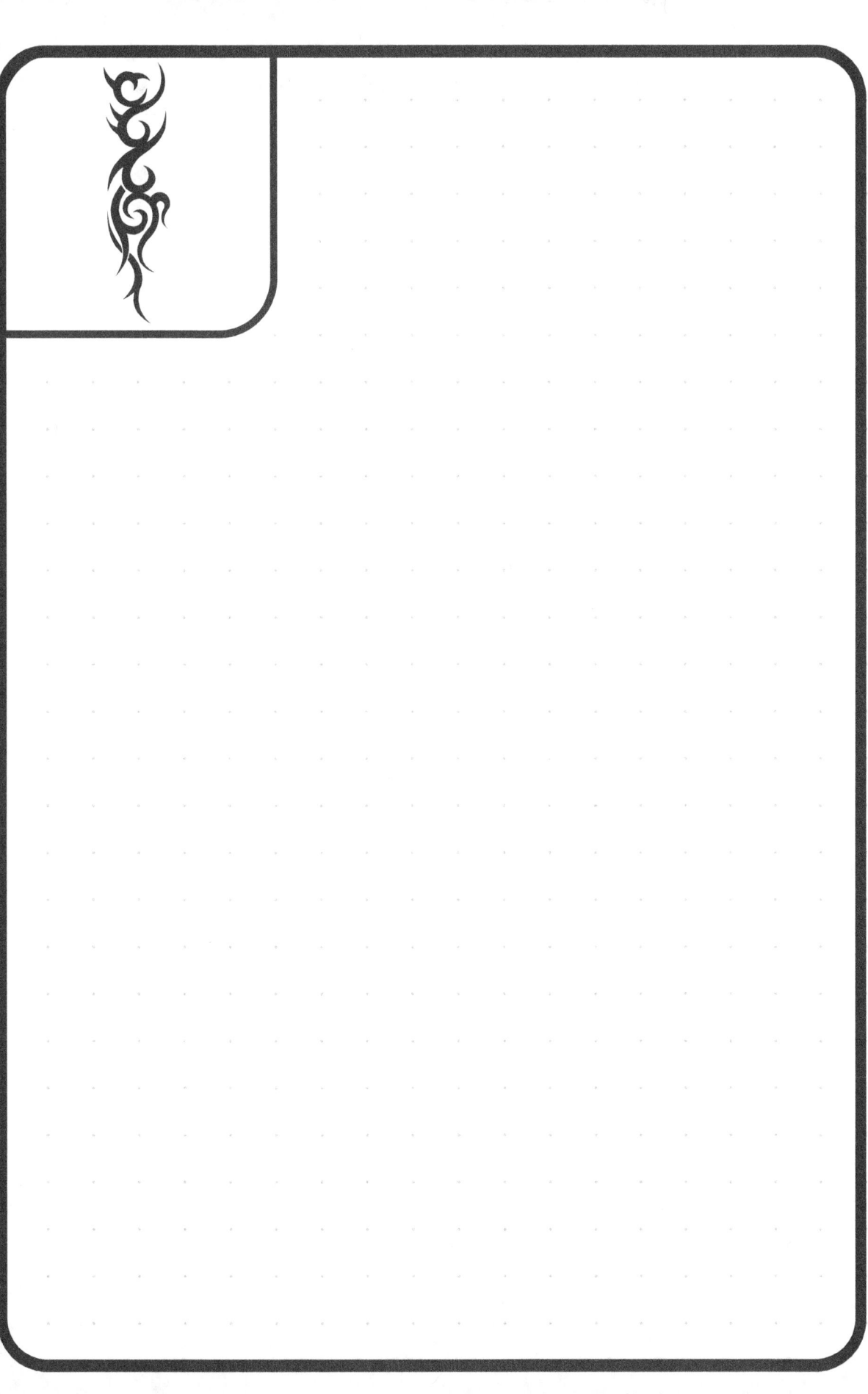

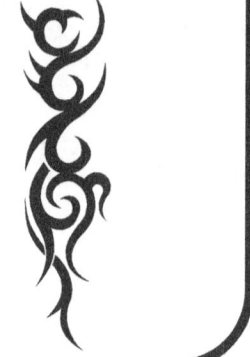

TRY ONE MORE TIME

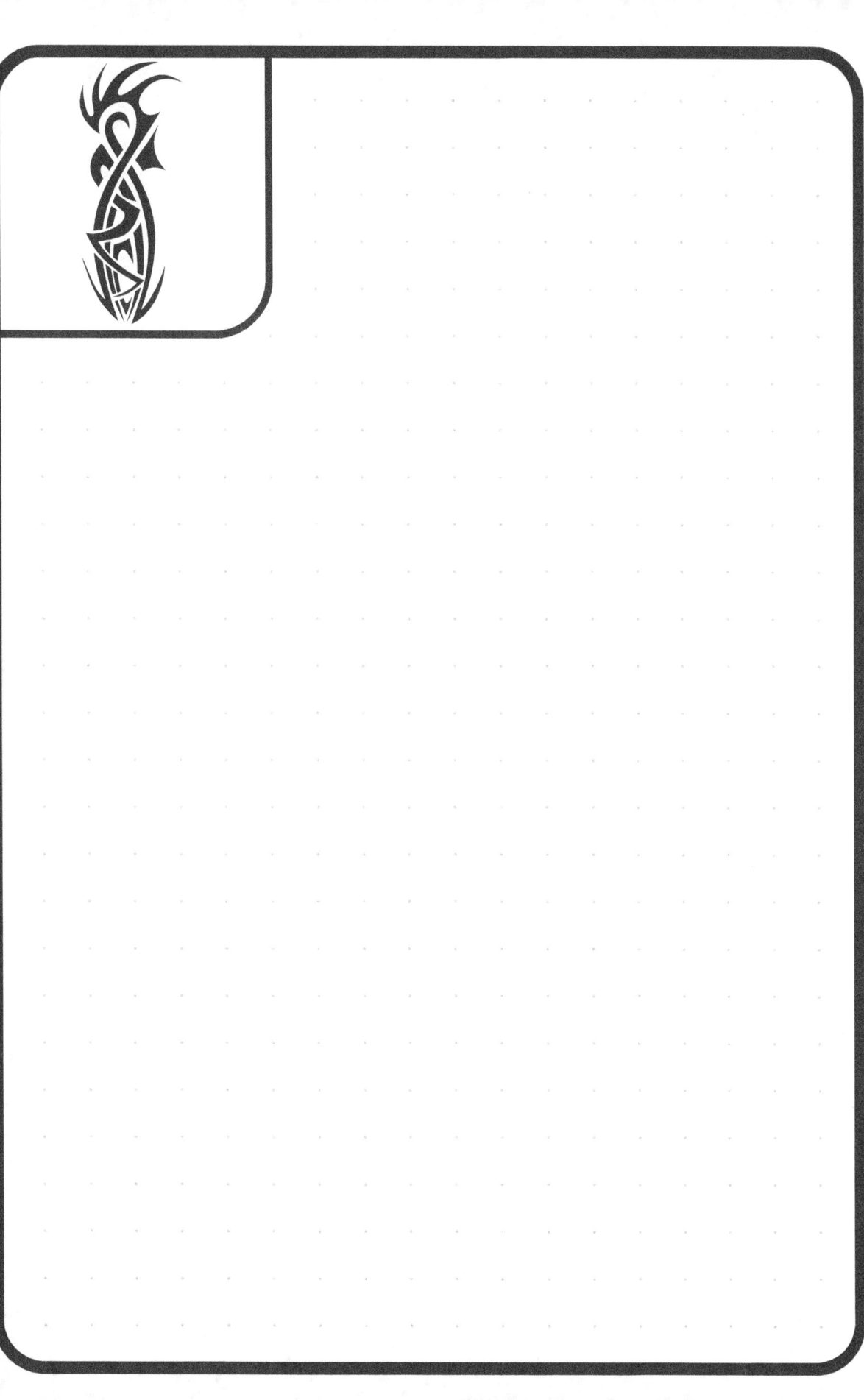

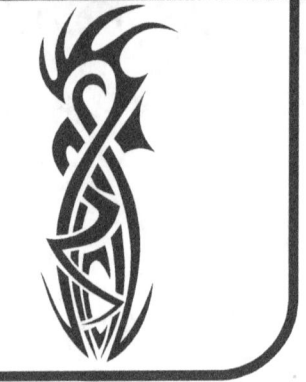

TRY ONE MORE TIME

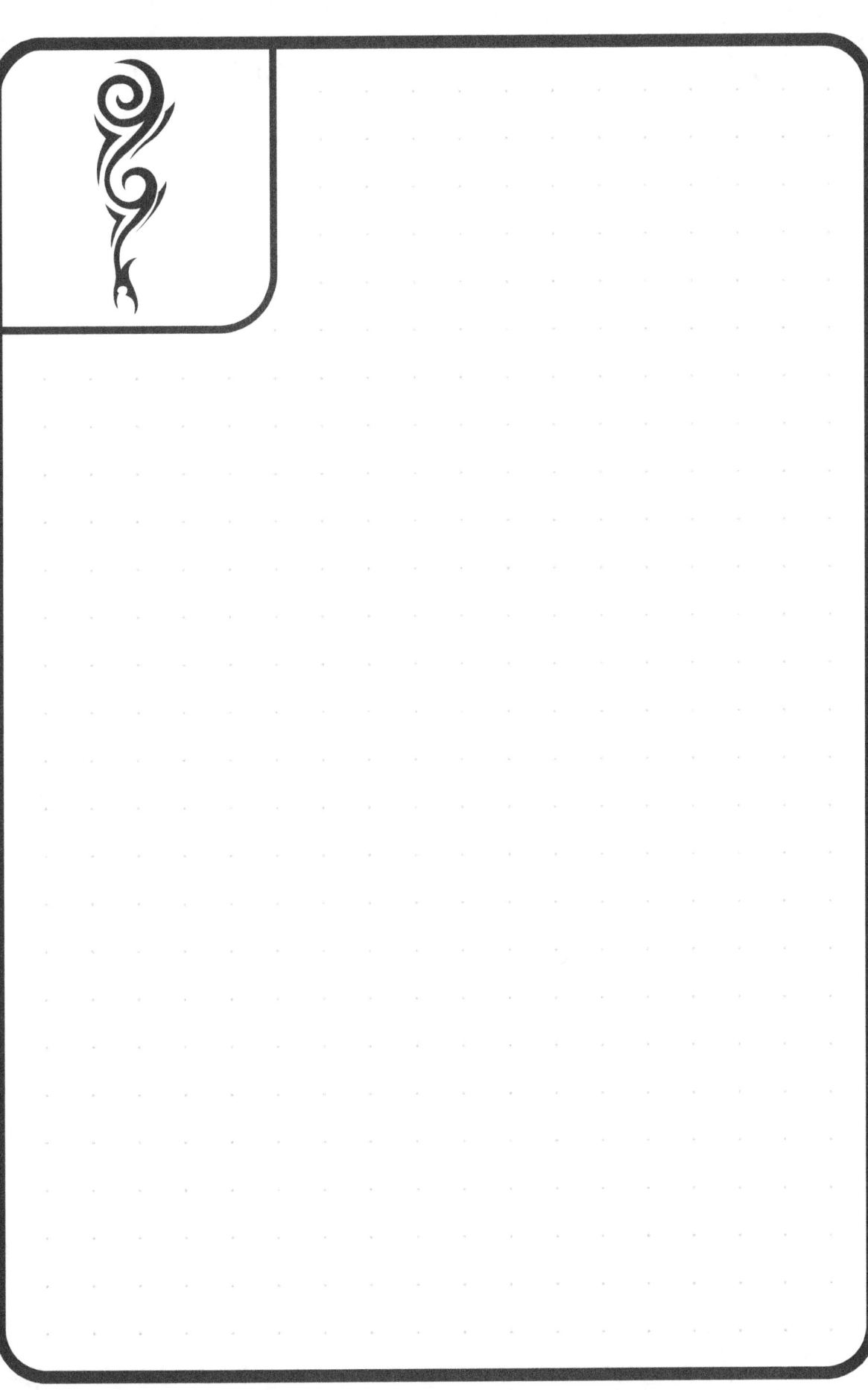

TRY ONE MORE TIME

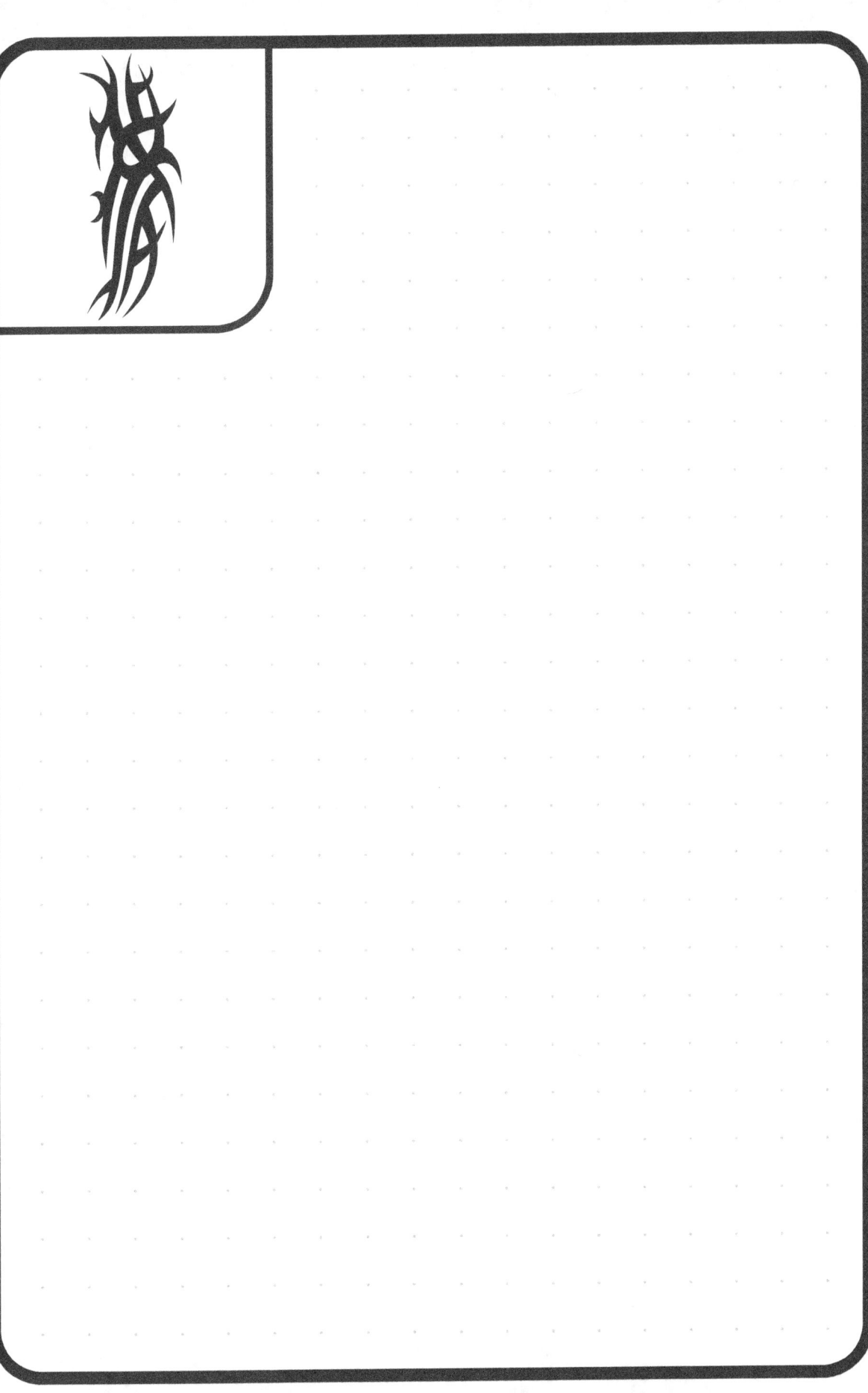

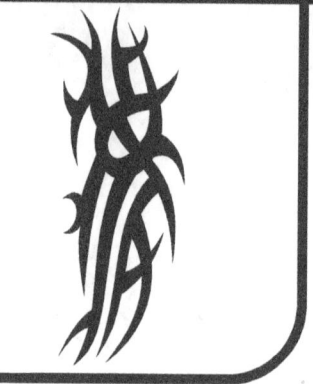

TRY ONE MORE TIME

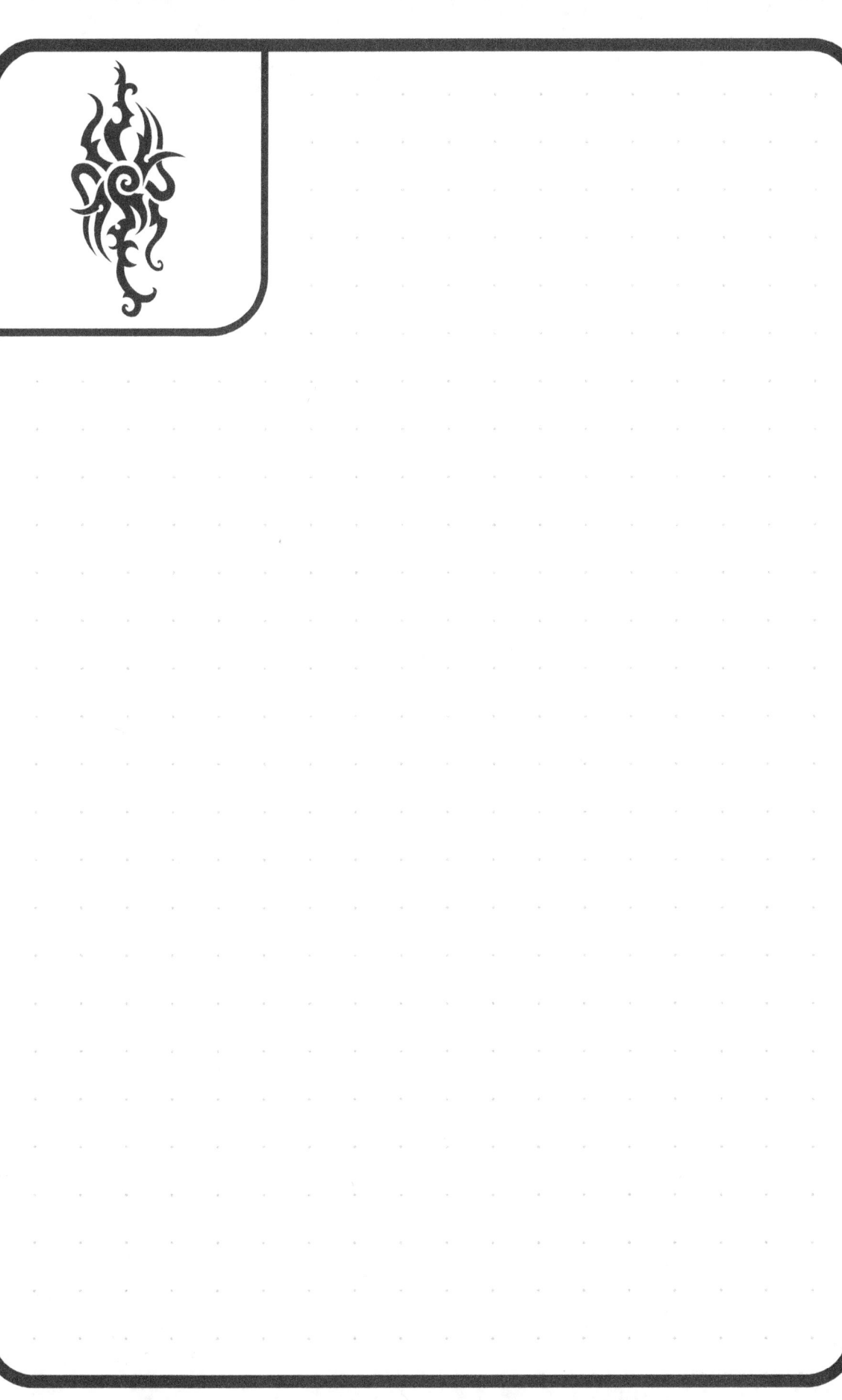

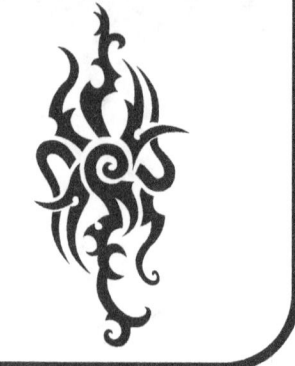

TRY ONE MORE TIME

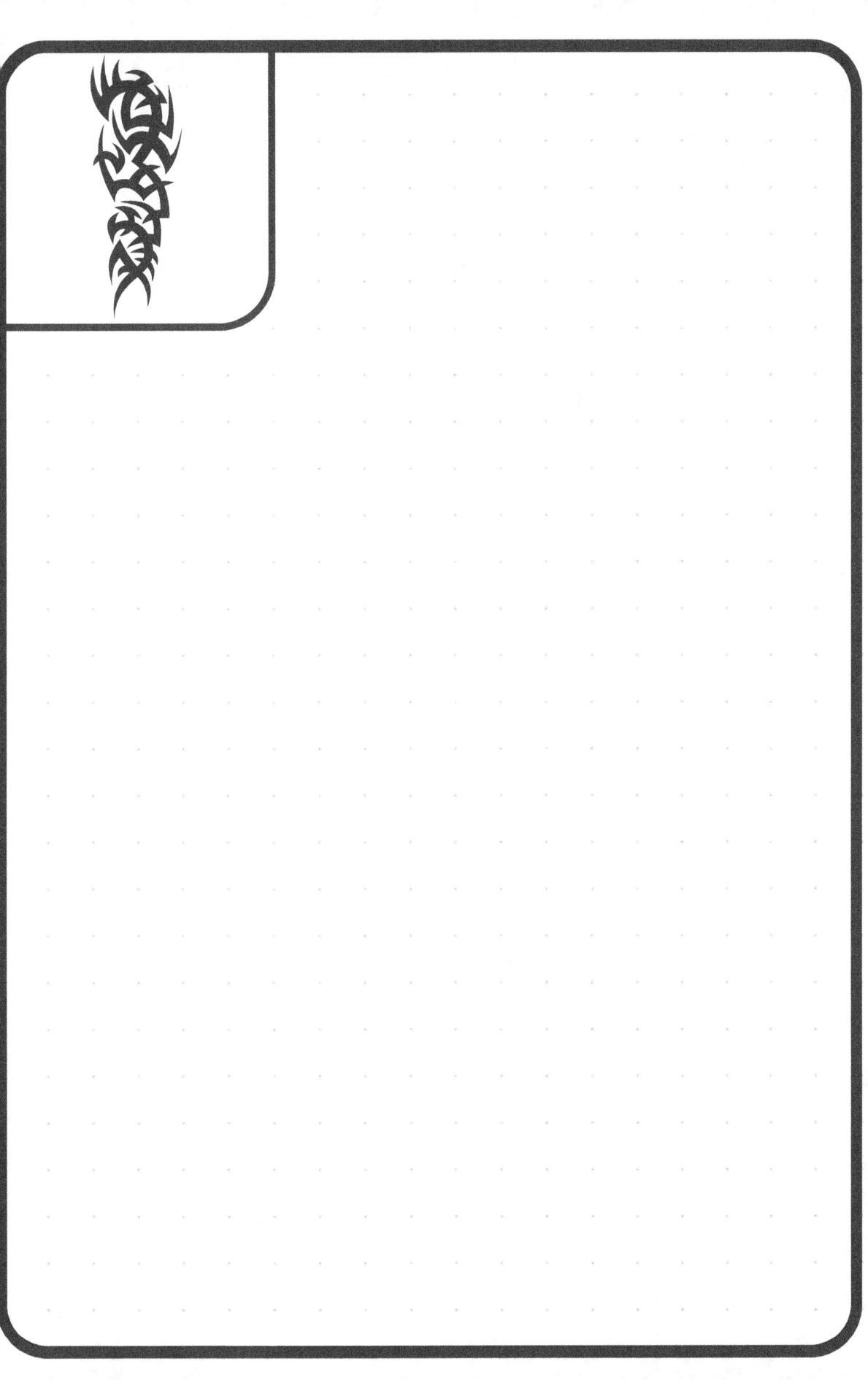

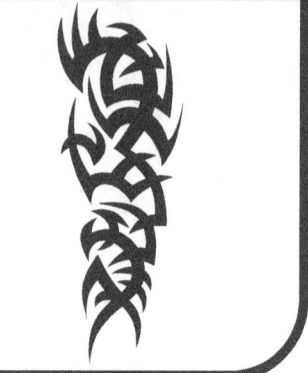

TRY ONE MORE TIME

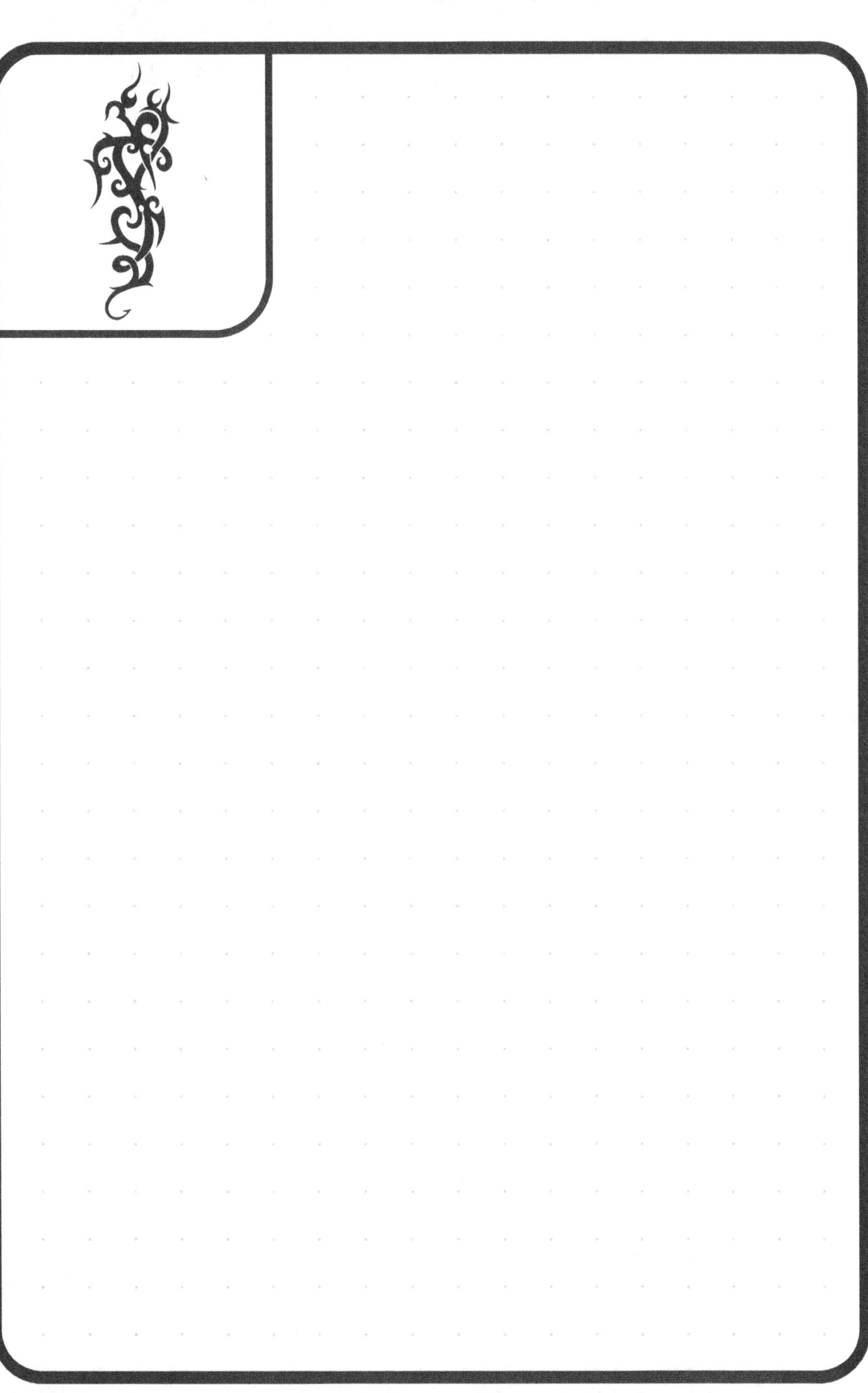

TRY ONE MORE TIME

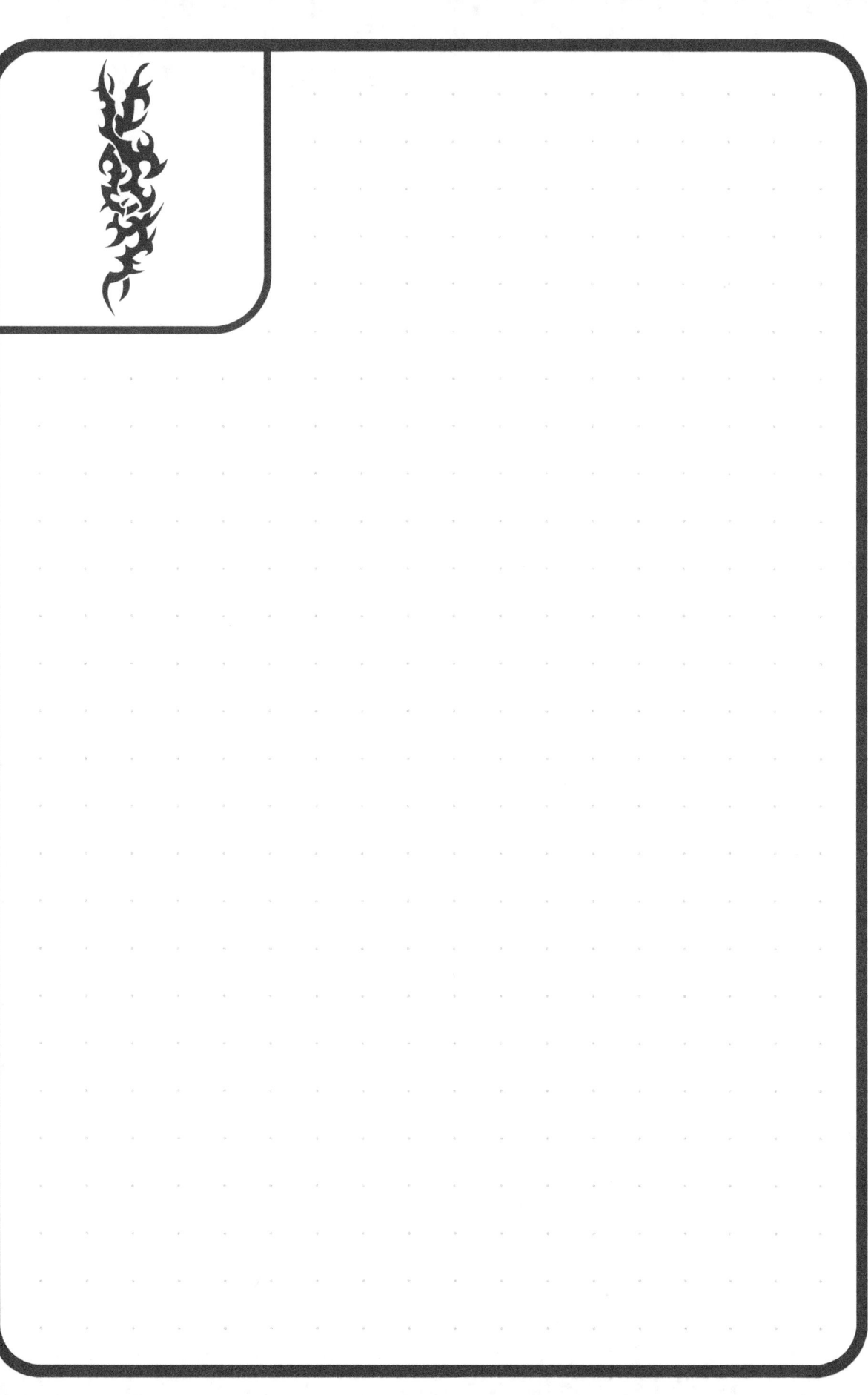

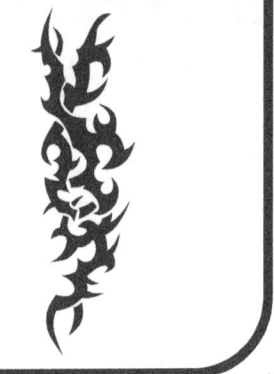

TRY ONE MORE TIME

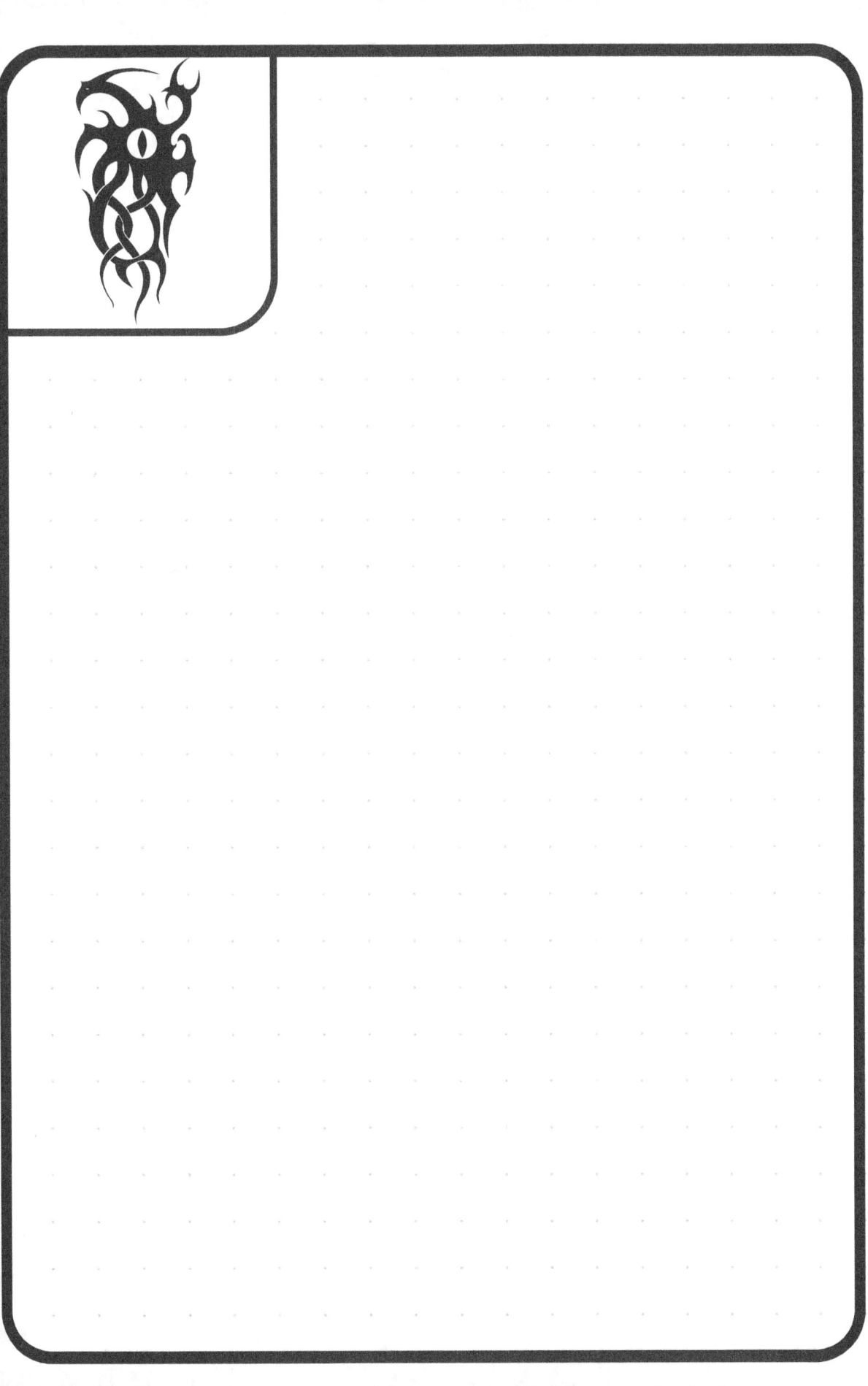

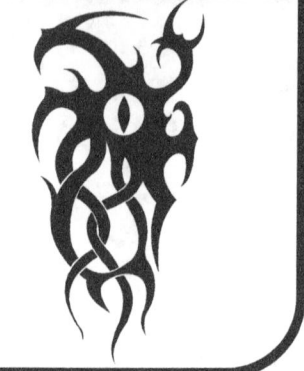

TRY ONE MORE TIME

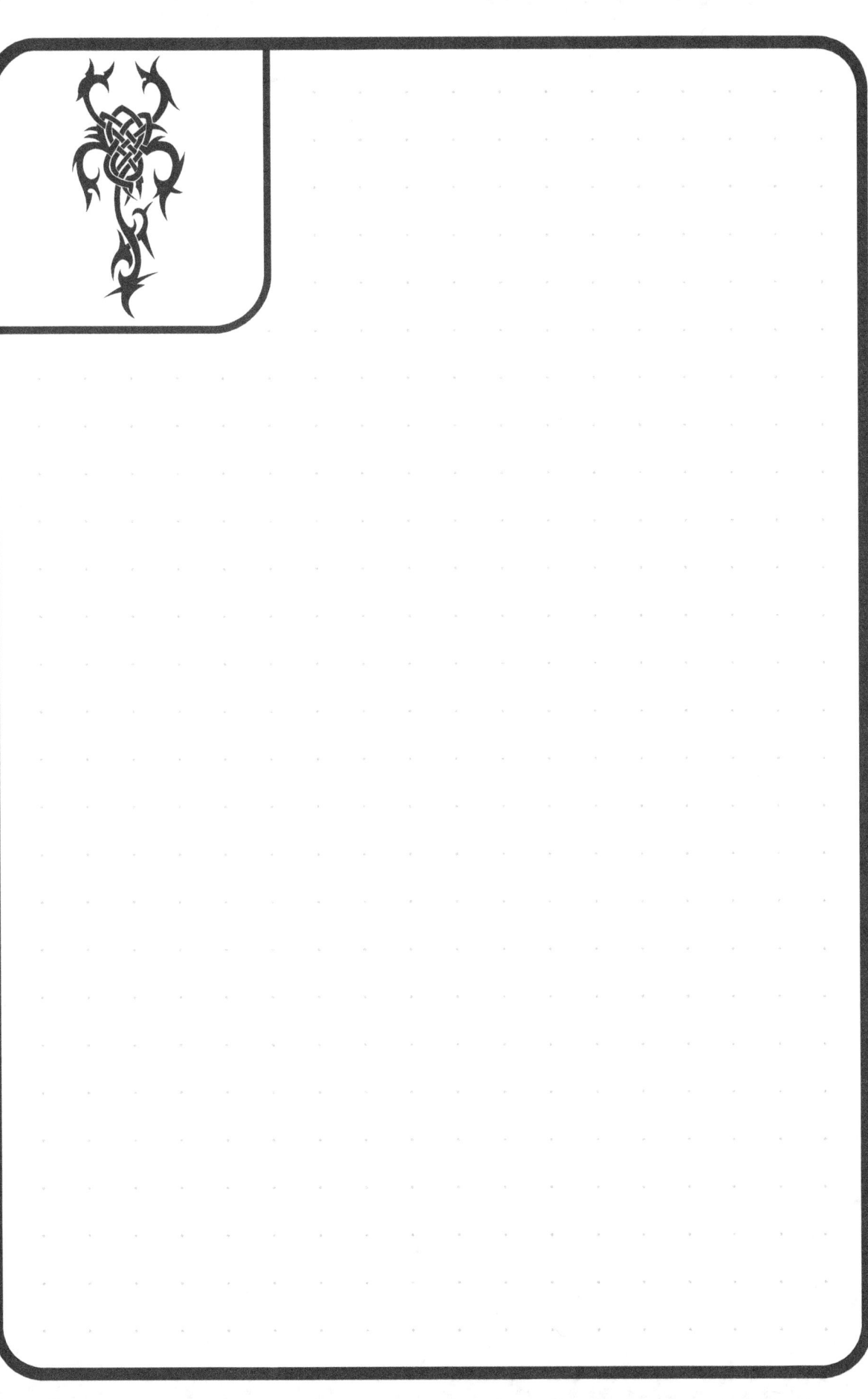

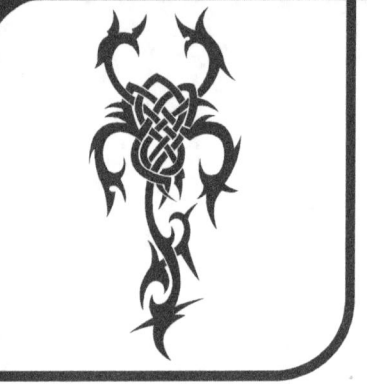

TRY ONE MORE TIME

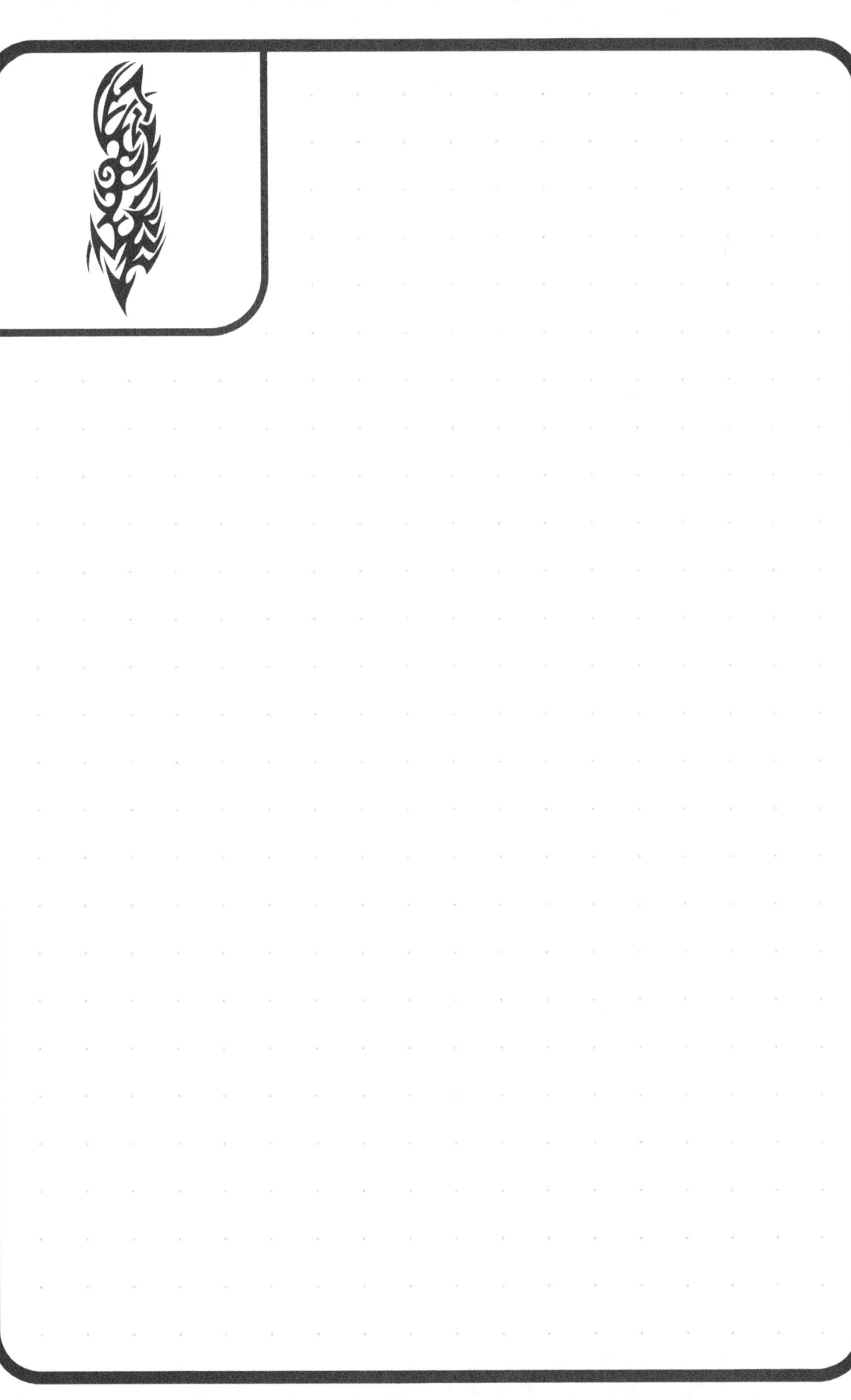

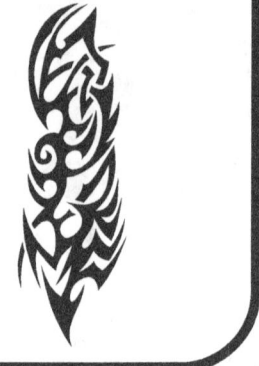

TRY ONE MORE TIME

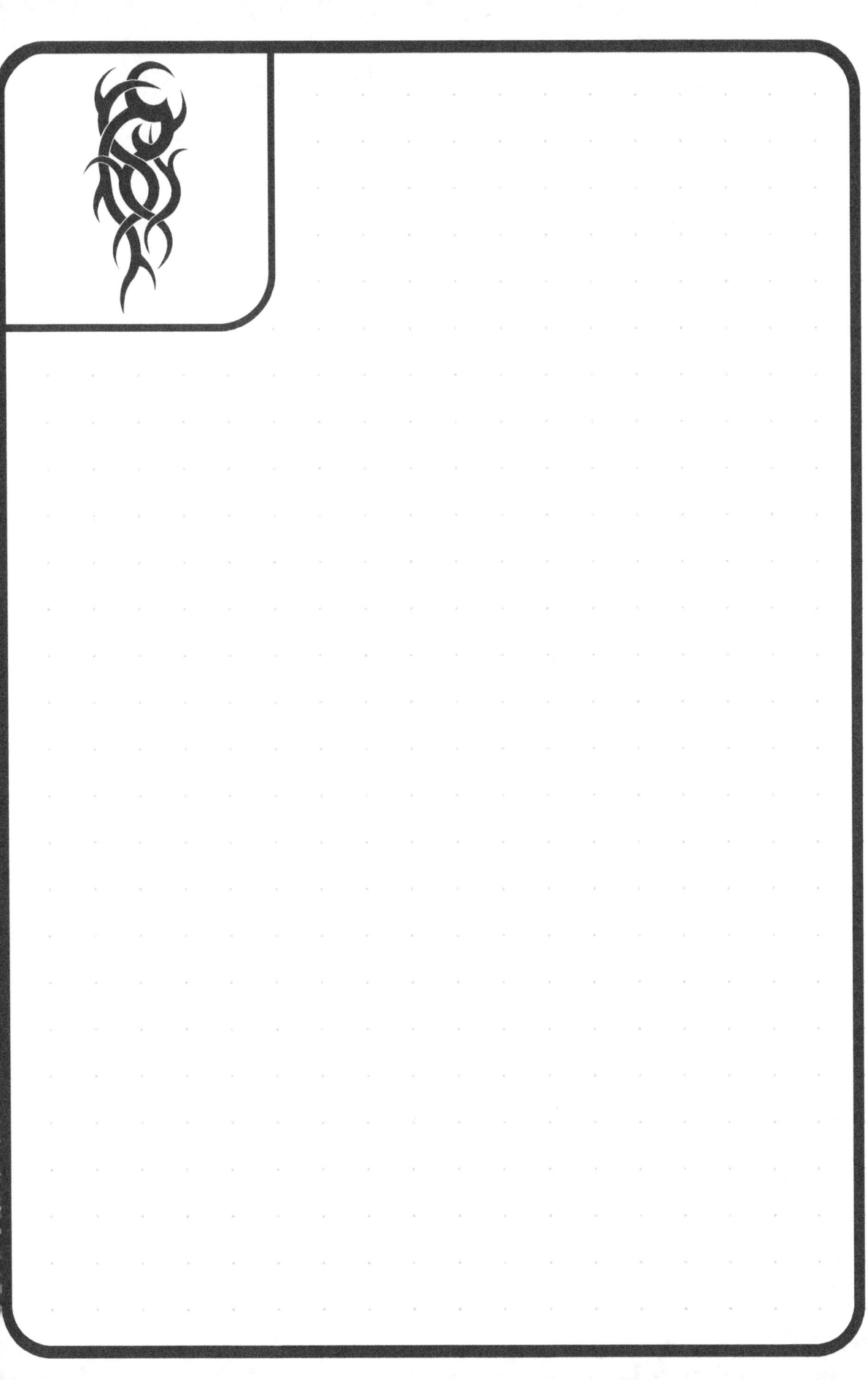

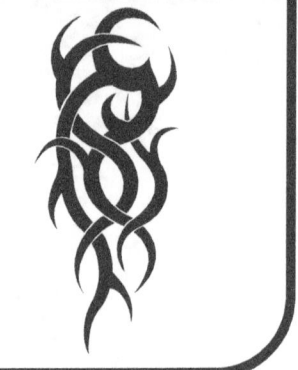

TRY ONE MORE TIME

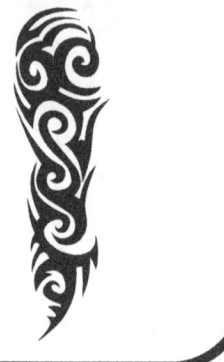

TRY ONE MORE TIME

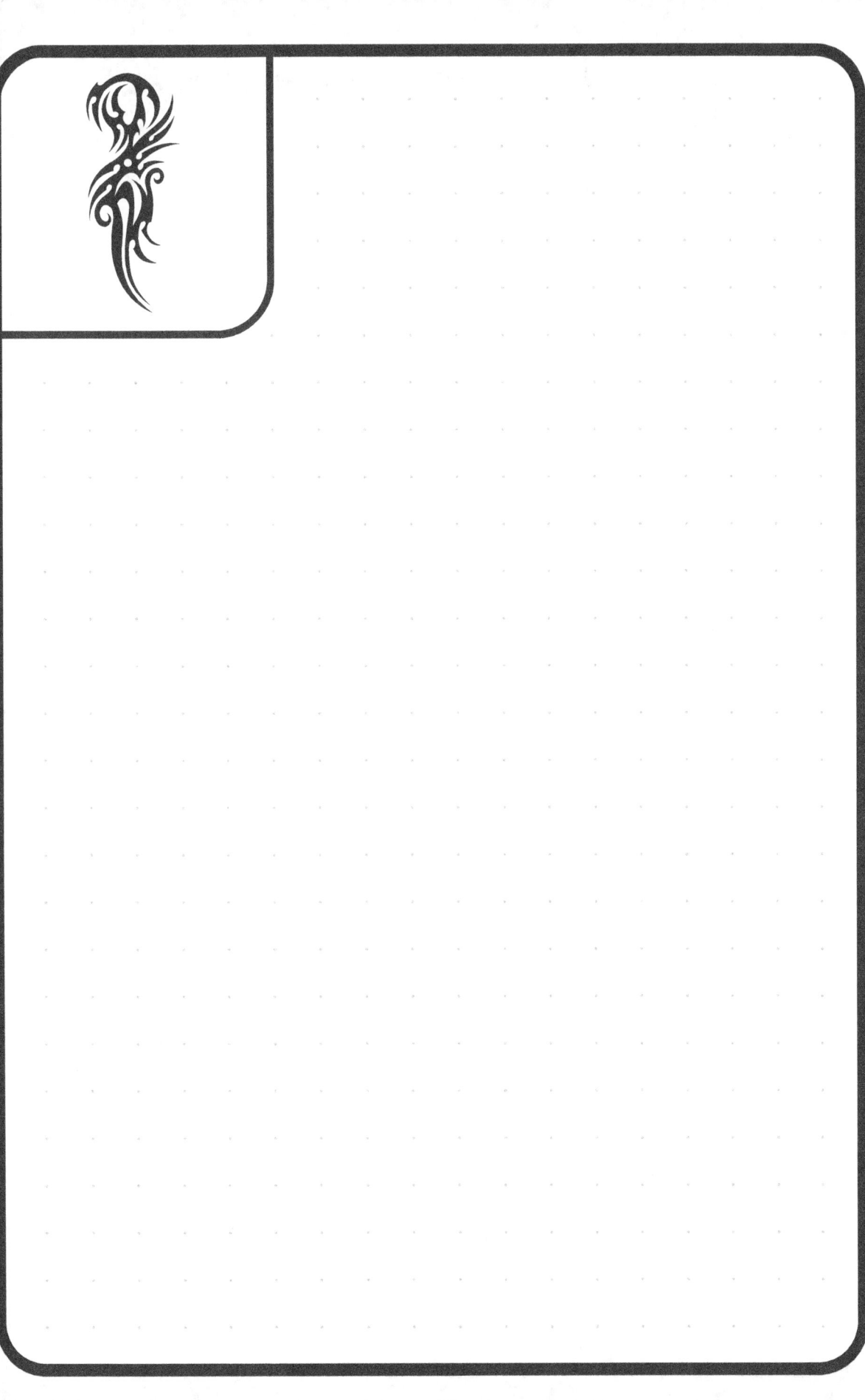

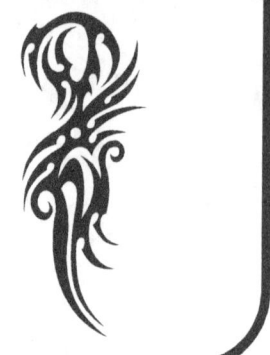

TRY ONE MORE TIME

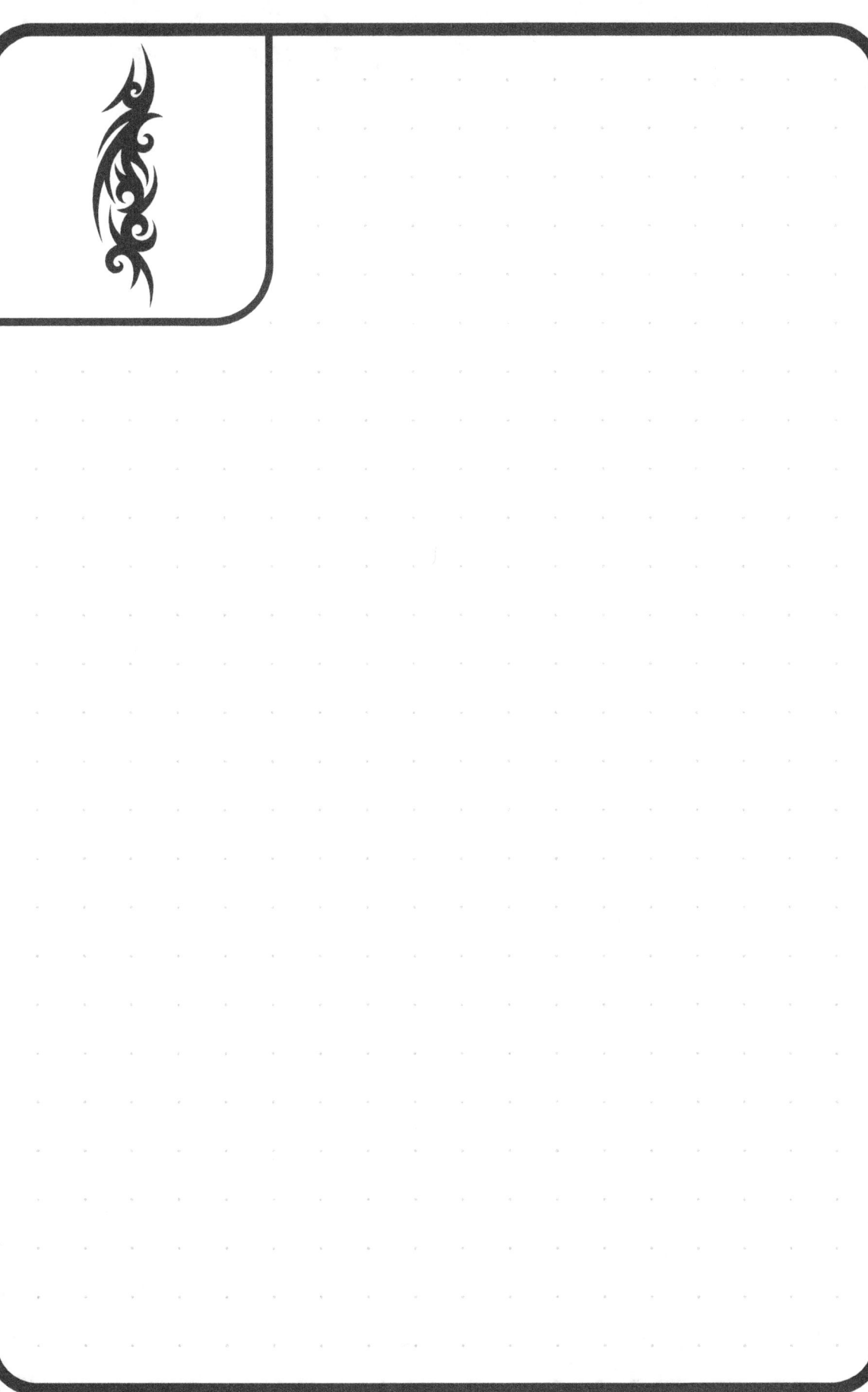

TRY ONE MORE TIME

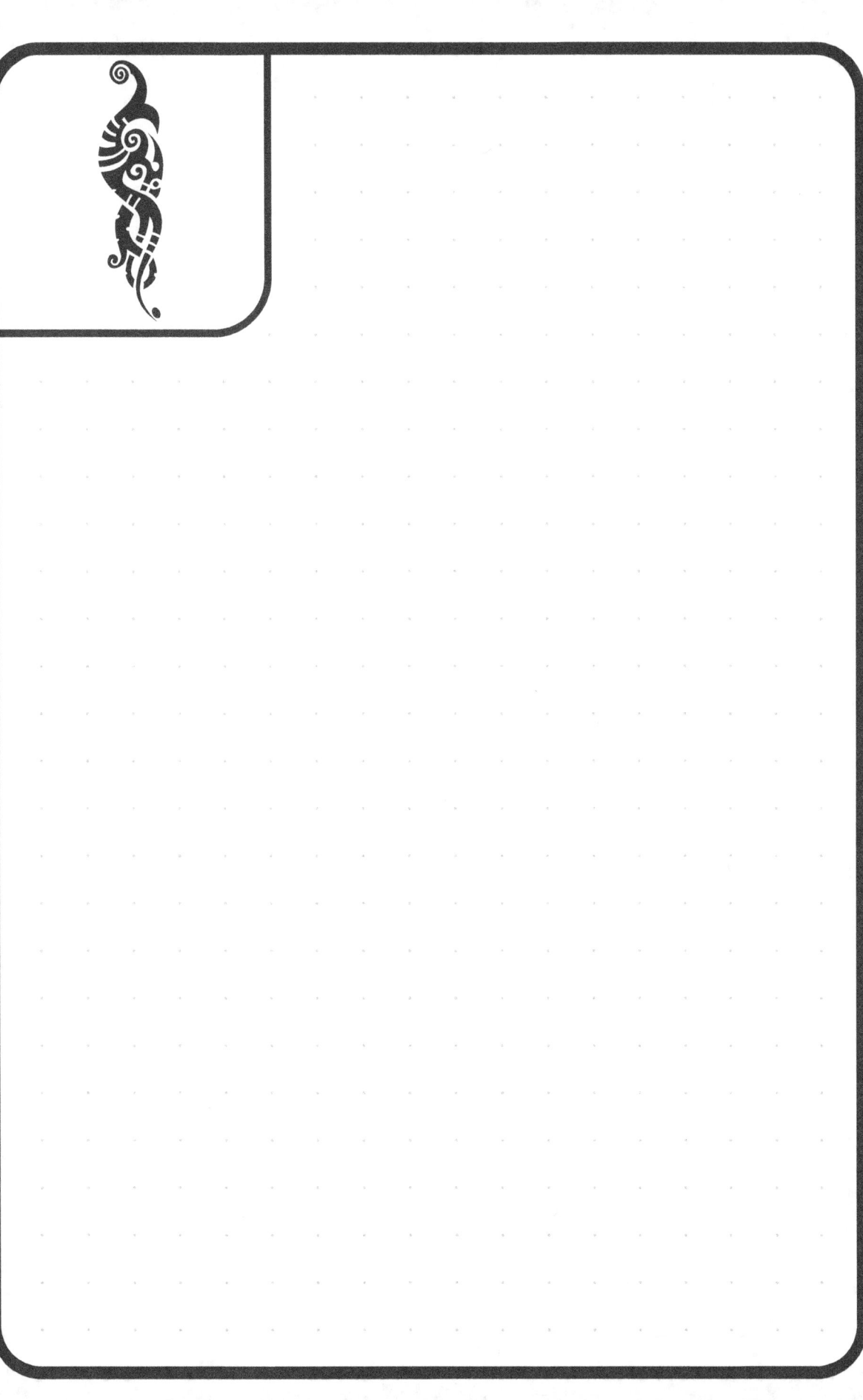

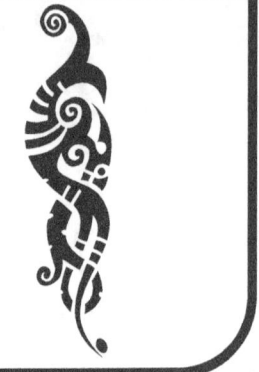

TRY ONE MORE TIME

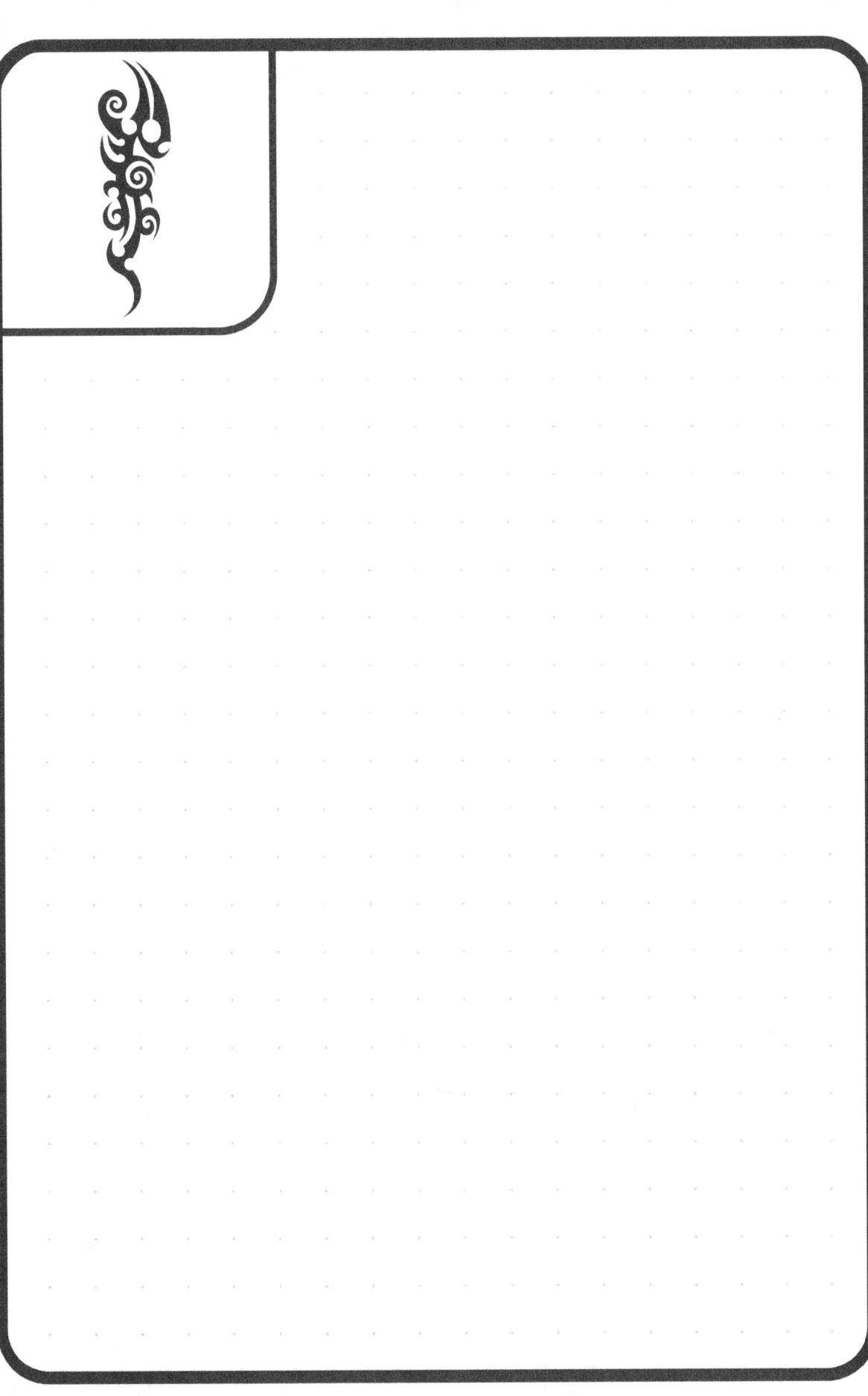

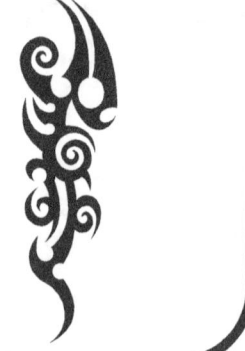

TRY ONE MORE TIME

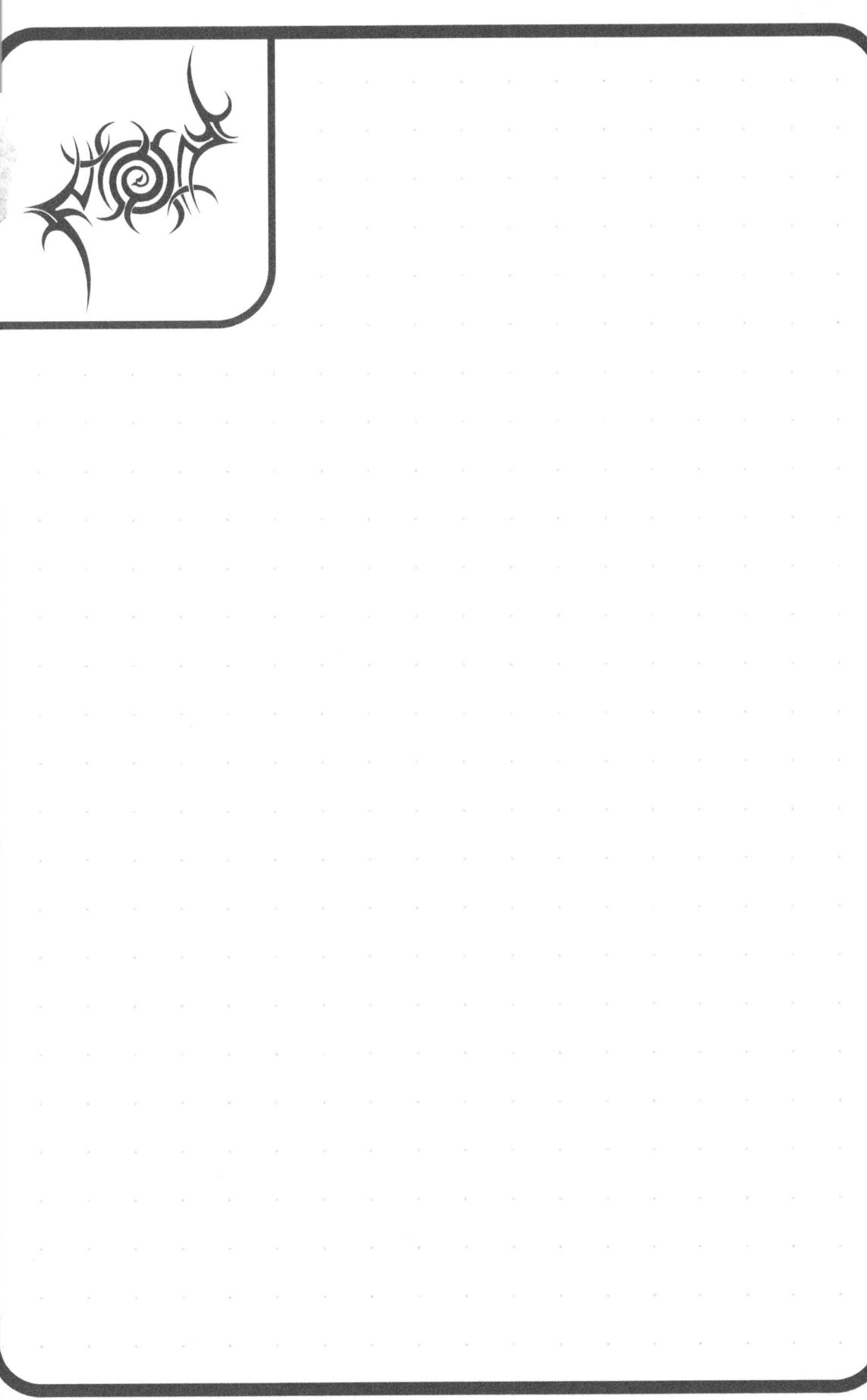

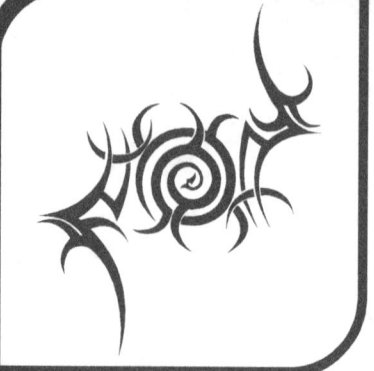

TRY ONE MORE TIME

www.ingramcontent.com/pod-product-compliance
Lightning Source LLC
Chambersburg PA
CBHW062330220526
45469CB00008B/2660